Ludwig Weibel
Stille unergründlichen Begreifens
Glaube deinem Glauben an die höchsten Dinge

Books on Demand

Bibliographische Information der Deutschen National-bibliothek. Die Deutsche Nationalbibliothek verzeichnet diese Publikation in der deutschen Nationalbibliographie, detaillierte bibliographische Daten sind im Internet über http://dnb.dnb.de abrufbar.

© 2015 Autor: Ludwig Weibel
Herstellung und Verlag:
BoD – Books on Demand, Norderstedt
ISBN 9783739239118

Ludwig Weibel

Stille unergründlichen Begreifens

Inhalt

Sphären der Unendlichkeit

1.1

Es macht gar keinen Sinn, dass du dir auch nur die geringste Nachlässigkeit oder Verfehlung zuschulden kommen lässest. Dein Leben soll ein einziges Dich-Verschenken voll Liebe und Sanftmut sein, an dem sich Götter und Menschen erfreuen. Halte dich rein von jeder unguten Tat, bewahre das Schweigen und wachse im Stillen zum gütigen Schöpfer empor. Freude und Heiterkeit seien beständig deine Begleiter in der Benedeiung makelloser Tage, derweil du die Früchte deines Bemühens um Klarheit und Gelassenheit geniessest. Es sei, dass nicht die geringste Anwandlung von Umut dich überkomme, selbst wenn dich die Angelegenheiten des Alltags noch so sehr bedrängen. Redlichkeit, Achtsamkeit und Mut seien die Attribute deines Seelenseins in immerwährendem Gedulden an dir selbst im höheren Gewahren dessen, was du Bist in Unschuld und dezenter Harmonie mit allem Sein, das Ist und dich begabt mit göttlichem Genügen.

Eine Schwalbe Gottes fliege du voll Sehnsucht himmelan, und vollende deine Würde als Geschöpf und Geisteswesen zugleich in den Sphären der Unendlichkeit. Erreiche staunend und entzückt das uferlose Meer der Seligkeit, indem du dich im Sein erkennst und in des Seiens unermessnem Strahlen. Glaube deinem Glauben an die höchsten Dinge und verwirkliche, was in dir wirklich webt und weit und licht ist im Bewusstsein liebevoller Anteilnahme am begehrten kosmischen Geschehn.

Zaudre nicht, dich einzulassen mit den Himmelskräften, die dich mild und wild umgeben und die deiner Seele Seinsgefährten sind in immerwährendem Gespiel. Trau der Traulichkeit des Alls in deinen Gründen und erkläre dich dir selbst als blühenden Beginn des Zeitlichen, sowie als Medium des ewigen Umfangens aller Dinge mit unendlieher Behutsamkeit und Gebewilligkeit, in der Gewissheit des Gelingens aller Schöpferkraftgedanken. Trage dich ins Buch der Seinserleuchteten mit Flammenzeichen ein und sei dir selbst das Wunder des herzinnigen Erfahrens unvergänglicher Glückseligkeit in deinen Runden.

Amen sag ich nach der Fahrt durch deiner, Meiner Seelengründe Jauchzen, indem Ich dich in seinsgeschwisterlicher Eintracht hier und dort zugleich umfange, in der Verklärung und Erklärung deines wundervollen Wesens. Lächle und bewahre das Geheimnis deiner innigsten Gedanken in der Trautheit deiner Herzenstiefen. Singe unbeschwert vom Glück, das dir geschieht, und atme Frieden, seelenvoll und heiter, in der Stille unergründlichen Begreifens.

1.2

Was dich in wundersamen Tiefen anrührt
rührt dich an im Sein, in welchem schliesslich
alle Dinge sich berühren.
In ihm gehst du in deines Seiens Himmel ein
und darfst unnennbar süsse Freude spüren

So sag ich denn: Halt ein inmitten deines Strebens
und sieh der still gewordnen Seele zu
wie sie in höchster Benedeiung des Erlebens
versinkt in namenlos beseligende Ruh

Dein Sinnen ist vollkommen eingewoben
ins Sinnen der Unendlichkeit hinein
aus tausend Nöten fühlst du dich erhoben
ins friedevoll gewordne Sein

Und lächelst frohgemut der Zeit entgegen
die noch in reicher Fülle kommen mag
um dich zum Höchsten zu erheben
das in des Herzens Gral verborgen lag

1.3

Zeit zum Streben, Zeit, dich innig zu erleben: Jede trägt ihr Recht in sich und soll von dir im rechten Mass erwählt und für dein Heil verwendet werden. Sonnenklar ists, was Ich so besage, und doch ist das Erreichen dieses Ziels in deinem Sein die allergrösste Frage, ist eine Frage des gesamten Lebensstils. Und hinderst du dich immer wieder selbst daran, das zu erreichen, was du willst, so gib nie auf, dich selbst zu lösen von dem Bann, indem du unbedingte Gottestreue dir befiehlst. Erhebst du dich in noch so kleinen Schritten zu deiner wahren Grösse glänzendem Altar, erheben sich mit dir die wunderbarsten Sitten, die in dir ruhen, hell und klar. Und du bereitest deinem künftigen Leben ein blütenreines Liebesparadies, in dem du mit unendlich feinem Beben des Daseins Wonnesein geniess't.

1.4

Immer vehementer zieht's Mich dorthin, wo die guten Geister wirken und Ich zu ihnen steh allwie in einem Fest des Daseins ohne Grenzen und des Jubels an der Unbeschwertheit, die Mich tief im Blut durchströmt und mit Mir durch die Tage hüpft und klingelt, jugendfrisch und ewig licht und schön.

Gerne mit dir teilen will Ich diese Perspektive wahren Lebens auf die Zukunft hin, die völlig schattenlos im Strahlenlicht der Geistessonne sich vollzieht und in der Fülle der Verheissung wunderbarer Zeiten.

Es ist, dass Ich dich in der Heiterkeit des Seins umfange und dir in der Innigkeit des Herzens gut bin ohne jeden Auf-wall an Begehrlichkeit und in der reinsten Würde unbescholtnen Tuns. Zuzeiten schon in Sphären des Elysiums verweilend, breit Ich vor dir aus, was Ich an Güte, Traulichkeit und liebelichter Seligkeit des Seins erlebe. Ich nehm dich mitten in den Hauch der Süsse des Verklärens, in den Wachraum namenloser Wonne des Bewusstseins von Mir selbst, als Sein vom Sein und Ausbund der Gediegenheit, Mir selbst zu Ehren.

Verweile du voll Sehnsucht im Betrachten Meiner Züge, die dich locken in den Zustand unvergleichlich liebevoller Harmonie, die deiner Seele Nahrung ist von auserlesner Güte. Komm als Mein Widerpart und heiterer Gespan hinüber, dorthin, wo Ich Bin und dir Glückseligkeit verheisse in der wundervoll beseelten Sphäre wahren Friedens, wonnevollen Weilens und beseligenden Ruhns.

Woran Ich mich erlabe, sollst auch du es tun und sollst dich, wie von Engeln hingetragen, durch die Räume höchster Majestät bewegen. Was Ich dir wünsche, sei im Nu getan im augenblicklichen Entzücken, das dein Sein durchströmt und dich ins uferlose Glück befördert, selig seiend ohne Wiederkehr.

1.5

"Glückselig im Sein", welch ein Wort und welche Tatsache, die dir bevorsteht, wenn du immerwährend darnach strebst, dieses Zustands Wohlfahrt zu erreichen.

Siehe, dein Bewusstsein ist das Meer, in dem du unaufhörlich schwimmst in Freud und Leiden. Du selber bist es, der das Schicksal sich gestaltet, ununterbrochen, durch die Neigung, dies und jenes noch zu tun und diesem oder jenem dich voll Eifer hinzugeben.

Dabei strebst du immer nach dem Wohllaut des Behagens an dir selbst, nach Anerkennung, gutem Ruf, Geschicklichkeit im Handeln und Gemütlichkeit in deines Daseins Vielfalt und Gedeihen.

Was ist es wohl, das dir die Weichen richtig stellt in deinem unerschütterlichen Sein und Streben? Es ist die Einsicht, dass noch jeder sprossende Gedanke als ein geistig Wesen dir den Weg bereitet in das Künftige hinein, und dass er hoch und edel, zielgerichtet und beständig sein muss, um dich unaufhaltsam zum ersehnten Glück zu führen. Ja, das ist's. Was immer du dir so zurechtlegst in Gedanke und Gefühl, erweist sich als dein Führer durch die Zeiten, als dein Glück und Unglück, so wie du's bereitest unaufhörlich vor dich hin.

Lächelst du der Welt Vertrauen, Heiterkeit und Liebenswürdigkeit entgegen, so werden dir dieselben Werte, wenn du nur empfänglich bist, geduldig und gediegen, unbedingt entgegenströmen und dich mit dem Lied der Wonne überfluten, das du intoniert hast, allem Sein entgegen, das du selber Bist und das sich dir als heilsam oder hemmend jederzeit erweist, nach deinem An-dir-Wüten-oder-Weise-Sein in wundervollen Zügen.

So tritt denn unverzüglich ein ins Heiligtum der guten Gaben, die vom Himmel zu dir fliessen, wenn du nur die Schleusen öffnest deinem siebenfachen Wohl. Kraftvoll und gediegen sei, was du, gestählten Willens, in die Wege leitest, um dich und deine Welt zum hehren Sieg zu führen. Im Unsichtbaren spielt sich deines Daseins wirkliches Bewegen ab, indem du denkst und fühlst und willst und so die Dinge all hervorbringst, die dir dann im Leben schlicht und tragisch, schön und blütenreich geschehn.

Wie die holde Unschuld jeden Frühlings, wenn die zarten, bunten Blümchen wieder spriessen, soll dein Sinnen aufblühn, dem Unendlichen entgegen. Weise sein heisst: Hoffen und gestalten, lieben und befördern unentwegt und unfehlbar, der höchsten Herrlichkeit entgegen, die du Bist und warst und sein wirst in unendlichem Genügen.

Täglich darfst du dir das Gloria singen, das dich zur Vollendung führt und zur Erfüllung deines Seins in wunderbaren Gnaden. Die Seligkeit des Seins zu kosten, ist dir aufgegeben immerdar.

So sei's und sei's mit dir im ewigen Sein und Werden, wenn du im Wirklichkeit-Erspüren und voll Liebe und Beharrlichkeit im Lichte durch die Generationen gehst.

1.6

Kommst du ins Gottesreich, ist alles eitel Licht und Strahlen. Du Bist in Kräften des erschütternden Äons und spürst die Würde und Erhabenheit, die sie voll Anmut in sich tragen. Du Bist und weisst, dass sie dich just in deinem Sein aufs innigste berühren. So halte Wache denn in dir inständig, um noch jede Regung ihres Willens zu erspüren. Bade dich im Unerschütterlichen, das sie sind, und geh gestärkt und strahlenden Gewissens aus dem Einfluss ihrer Wirksamkeit hervor.

1.7

Du reisest in die Ferne, kommst an, und trägst dies als Symbol im Herzen für die Sehnsucht nach dem Glück des Heimisch-Seins im Leben. Wahrhaft von Engelhand bist du geführt, um zu erkennen, was dir frommt in deinen Tagen. Schritt um Schritt kommst du voran und fühlst dein Herzblut an sich selbst gesunden.

Hab nur Vertrauen in die Güte deines Seinsgespans, der

dich voll Liebe immerzu begleitet und behütet auf der langen Reise durch die Zeit und durch das Ewige, das dir beschieden.

Du erntest süsse Früchte für dein Tun, wenn es nur immer lauter ist und nach dem Reichtum deiner Phantasie erblüht in tausend nuancierten Farben. So ist denn gut, was du in Treue willst an deinem Sein vermehren und was dich zu des Glückes Sternen führt im endlichen Erreichen eines Ziels - und wieder eines höheren von Stuf zu Stufe auf geheimnisvollen Bahnen.

1.8

Geheimnisvoller Worte Tonfall spricht dich tief im Innern innig an, denn sie berühren das Unendliche, das du dir Bist von Anbeginn der Zeiten. Meine Sprache ist die Sprache, die zu allen Herzen brandet, Mein Umrunden das Erbarmen an der Schöpfung, das durch Mark und Bein geht und beglückt und sänftigt und belehrt und weise macht in allen Fibern. Du bist entzückt ob dem, was Ich dir so besage und schwelgst in Seelenfreuden ob der Klarheit des Erkennens dessen, was im Grunde wahr ist und das Tief-Verschleierte enthüllt vor staunevollen Augen.

Gehst du durch die Zeit, so gehst du durch Äonen ohn' Unterlass und Bist im Hier und Dort zugleich ein Individuum von wunderbarer Güte und von göttlichem Geblüt, das sich im Sein vom Sein mit unerschütterlicher Sicherheit und über allem Wanken in sich selber findet und in Ewigkeit besteht.

Dein wahres Ich hat höchste Qualitäten und schlummert nicht und lässt sich nie beirren in der Trautheit seines Eigenseins vor dem Unendlichen, das ihn begrüsst als Seines Wortes Bild und Seines Tatendrangs Vollenden auf der Liebe Rosenspur.

Als ein unendlich kostbar Wesen trag Ich dich seit Urbeginn auf mütterlichen Armen und wünsche dich mit Licht zu taufen und Erhabenheit und Glück - und Sehnsucht nach Vereinigung mit allem was Ich Bin im All und Bin in allen Wesen, die dich brüderlich umgeben.

Ich ström die Liebe in dein Sein, die dich zu jeder Liebelei und jeder Hochgemutheit anführt in den Tagen deines

Wirkens und Das-Leben-immer-inniger-Verstehn. Ich hüte deinen Ausgang wie den Hochflug deiner flüchtenden Gedanken, deren jeder ist ein Wesen, das du neu und jung aus deiner Würde Schoss geboren.

Sie dienen dir zur Ehre und zum Fortschritt oder zur Behinderung, wenn du's nicht schaffst, den Wesen Anmut und Begeisterung und Zuversicht und Kraft mit auf den Weg zu geben.

Jedes Ende ist ein neuer Anfang in der Seinsphilosophie, jeder Bruch ein heilsam Streben nach Veränderung und Aufstieg in die höchsten Höhn.

Bricht dein Herz und hört es auf zu schlagen, schlägt die Stunde dir der Neugeburt zu neuer Fülle in allherrlichem Befinden. Gleich einer Sonne gehst du strahlend auf in der Verwandlung deines Seins zu einem Wesen engelgleichen Strahlens.

Andacht, Begeisterung, Charisma sind das ABC der Werte, die dir da geflissentlich und dienlich weiterhelfen auf dem Weg der Klarheit und Bescheidenheit, des unerschütterlichen Seinsgewissens und des Trostes an dir selbst in Seligkeit und Sicherheit, Gelöstheit, Wonne und Holdseligkeit im Lichte des Verklärens.

1.9

Ich Bin in dir der grosse unbekannte Gott des Heils, so sicher und beständig wie die Sterne, die am Firmament des Himmels durch die Unergründlichkeit der nächtigen Stille deinen Kinderaugen leuchten, leuchten, leuchten. Spür doch in deines Herzens Beuge wie Ich dich umfange so voll Zärtlichkeit und Sanftmut, wie selbst der rücksichtsvollste Liebende dich nimmermehr umfangen könnte. Teile mit Mir das Empfinden, dass dein Leben ein unendlich kostbar Abenteuer ist, das du in der Erkenntnis deines Eigenseins begehst, derweil Ich es in strahlender Natürlichkeit in dir begehe. Kein noch so kleines Schrittchen ist dir eigen, als dass es nicht in Meines grandiosen Schreitens Würde eingebettet wäre. Kein noch so siebenkluges Plänchen ziehst du in Erwägung, ohne dass sich Meines Planens abertiefe Gründlichkeit darüberlegte, dem Weltenschicksal Form und Fülle, Fabelhaftigkeit und Feinheit zu verleihen.

Wende deine Wange in des Abendglühns Verheissung Meinem Strahlenbunde zu, dass dich darin Mein Kuss liebkose in des Augenblicks verräterischem Strömen. Gewähre deiner Seele, was Ich dir an Lebenswonne voll Behutsamkeit und Milde in die Nähe des Begreifens trage. Alles, alles ist so nah, dass du's umfangen kannst im Nu, wenn du nur seins-spontan die Arme um es breitest und im Hier dein Glück empfängst, so wunderbar, wie alle Seligen das ihre wunderbarerweis voll Seligkeit empfangen.

Ich Bin in dir das Einzige und Eine, das sich selber unermesslich liebt und in der Liebe der Getreuen Ströme reiner Freude fliessen lässt von silberhellem Klang und von begehrenswerter Güte. 0 gib dich Mir dahin in der Vertrautheit, die sich Liebende entzückt gewähren, wenn sie wie verklärt sind ob der Sehnsucht, sich aufs zärtlichste und reinste zu umfangen in der Freiheit eines hell entfachten Liebesspiels. Komm und lege deine Seufzer nach Erfüllung zu den Meinen und erheb dich in der Sagenhaftigkeit des Augenblicks zu Meiner Grösse des Mich-selbst-Verschwendens und des Überbordens ins Unendliche, das Ich Mir Bin in dir und das sich in die Lebenswonne bettet deiner Züge in dem Mass, in dem du sie erfassest ohne Zögern in der Vollbewusstheit namenloser Ruh.

Du Bist so unvermittelt, wie Ich es Bin, der Strahlende in Lauterkeit und Güte, im fabelhaften Aufgang, wie in der Gebärde träumerisch verspielten Niedergehns. Vermehre deine Künste im Bewusstsein Meiner Huld dir gegenüber und bewege dich in ihnen unerbittlich deinem Heil entgegen. Komm Meiner Absicht, dich wie's Kindlein in das Glück zu wiegen, unverwandt entgegen und begeistre dich an dem, was Ich dir voll Begeist'rung tu', um neuen Sternen des Entzückens am Gewölb des Staunens Raum zu geben. Bau Mir einen Dom und wieder einen aus der Phantasie, die sich voll Verve und Freude ins Geschick der Hände giesst und lass dich dabei fraglos, selbstversunken von Mir führen.

Beginne und vollende in Mir, was du je zu tun dich freien Sinns erkühntest und begreife, dass Ich immer nur das Allerbeste von dir will, in Meinem Drang, Vollendung zu erwirken.

Damit sei's für jetzt getan. Ein Werk im Werken, eine Geste mehr im Bogen der Unendlichkeiten, mit dem Ich alles überspanne, was sich zur Wirklichkeit gebiert und was sich, kühnen Schreitens, liebevoll in Meine Weiten schmiegt.

1.10

Bist du bereit, so höre, was Ich dir in Klarheit und Gewogenheit besage aus dem Reiche der Vernunft und der Gewissenhaftigkeit am Leben. Ich rechte nicht mit dir; du selber musst entscheiden, was dir frommen soll, und was du dir in guten Treuen auferlegen willst an neuer Arbeit an dir selbst, dein Wesen zu erhöhen im Gestalten seiner Glieder, die zum Teil noch als in Keimen schlafend in dir ruhn.

Mach dir Meine Traulichkeit zunutze im Vertrauen, das du zu Mir hegst und das dich nie enttäuschen wird, weil alles dir gehört, was Ich vertone, und weil alle Klänge Meiner Harfe liebevoll und tapfer dir entgegenströmen. Somnambule Sicherheit soll dich beflügeln, derweil du ganz allein auf weitem Meer Mir zustrebst, Mir, dem Stern in der Unendlichkeit und Mir in deiner Seele bittender Gewähr.

Erhebe dich vom Knie'n in Tränen und erlaube Mir, sie auszutrocknen mit dem Wind der Grazie, mit dem Ich dich umwebe, mit der Freude, die dich von Mir einhüllt und dich einlullt in den wunderbaren Liebesschlaf der Seinsgerechten, die sich rühmen dürfen der Glückseligkeit, die sie beseelt und die ihr Amen ins Entzücken hauchen, das in ihnen kreist und kreist und sich vergibt an alle, die von seinem Dufte zehren mögen.

1.11

Und kenn Ich dich in deinem A und Amen, wirst du einmal wieder Mich erkennen als das Alpha und das All der Dinge, die da sind und hell und hurtig überall Mein Sein und Meinen Stempel tragen. Allüberall Bin Ich Garant der Güte, wo die Lebensdinge sich entfalten, Bin Schöngeist und Beschleuniger in jeder Phase neuen

Werdens, das sich in der Sinnwelt offenbart und sich zur Schönheit stilisiert nach Meinem wundertätigen Erfinden.

Bist du Mir fern, Bin Ich dir nah wie eh und je in tausendfältigem Umwinden; magst du Mich noch so sehr vergessen haben, Ich schätze und erhalte, was du Bist, in unerschütterlicher Seinspräsenz und all so zärtlichem Umfloren.

Wende dich Mir zu und schon bist du dem Sorgenteich enthoben, den du schlecht und recht durchschwammst in deiner Lebensakribie. Wie neu geboren trittst du vor Mich hin, der Ich dem Rufer Segen spende und Genügsamkeit in seinem Wirken, Mass und Ziel und schliesslich Wonne an sich selbst in jedem Hauch, den ihm der Tag gebiert und den er glückerfüllt eratmet.

Deiner Hände Werk siehst du und weisst es dargelegt in Meinen Plänen. Deines Seinsbefindens Innigkeit trägt dich zu hunderttausend Sternen, die gestillt und still am Firmamente stehn. Denn du bist eins mit dir und ihnen und gewahrst das Glück, das alles Sein durchströmt in unnachahmlichem Befrieden.

Du stehst am blühenden Altar der Dinge deines Lebens, bist deines eignen Willens Herr und feierst die Erweckung deiner wahren Züge als in Mir ins Werk gelegt und so heiter und beschwingt begonnen, wie die Freudentänze in des Frühlings Auferstehn. Du feierst, was Ich Bin in deinen Runden und gewährst dir aller Schönheit Lieblichkeit und Strahlen mitten in der Welt der schaffenden Unendlichkeiten.

Lausche du dem Sein in dir und du Bist ganz im Stillen seinsgestillt und seinserhaben in der Morgenröte des Entzückens, die vor deinem Sinnen steht. Komm unverwandt in Mein Umfangen und bewahre, was du Bist in Mir, als Kleinod der Natürlichkeit und reine Perle ewigen Lächelns in den Gründen deiner heilgewordenen Natur.

1.12

Ich Bin mit dir auf Du und Du, so wie du Mich erkennst in deinen abgrundtiefen Gründen. Ich ehre dich wie einen, der gerade Mir ins Antlitz schauen mag und der in

sich gewahr wird, was es heisst, im Sein zu leben.
So kommt es, dass Ich ganz besonders auf dich zähle in der langen Reihe der Erzählenden, die wissen, wie es um die Welten steht, in denen sich in Massen strahlende Bewusstseinskräfte finden, die ordnend, schaffend, überlegend, väterlich und treu zu ihren Wunderwerken stehn.
Gehab dich wohl, will ich dir sagen, damit du dir nicht selber zürnen musst und wolle wissend dir im Lebenslaufgepränge die Glückseligkeit des Seins erringen.

1.13

Bin Ich schon wach im weiten Meer der Nacht, so soll mir dieses Wachsein statt zur Lebensmüh zur reinsten Freude werden.
Das Künftige des Menschenseins stelle Ich Mir vor in grandiosen Zügen durch Jahrhunderte, Jahrtausende, Äonen. Da führe ich mich von Gedanke zu Gedanke, von Erfahrung zu Erfahrung zu erhabenerem Sein in Sphären göttlichen Vollendens.
Dann lebt und webt die Leichtigkeit von Sylphentänzen in dem Wesen, das Ich Bin, die Heiterkeit unnennbar süssen Weilens, wo Mir das Dasein namenlose Wonne ist im Lächeln der Unendlichkeit.
Ja, diesem Zustand gehe ich mit absoluter Sicherheit entgegen. Die Gotterkenntnis facht ein unerschöpflich Sehnen an nach dem, was Ich schon immer war in absoluter Freude, Freiheit, Friedefertigkeit und hellbewusstem Strahlen.
Ich zieh die Himmelsdinge magisch an, so dass sie Mir entgegenströmen, derweil Ich zugleich mit Frohlocken in sie tauche und ihre makellose Schönheit mich umhüllt als ein geliebtes Kleid, dem Ich mein Sein verdanke in unendlicher Gelassenheit und Traulichkeit des Mich-Erfühlens.
So kommt mir im Bewusstsein alle Zeitenferne nah und sammelt sich in eins zusammen einer Schau von sagenhafter Grösse, von Befreiung in die höchsten Höhn und von elysischem Mich-in-mir-selbst-Befinden.
Der Märchentau der Hoffnung auf das ewige Gedeihen fällt Mich an. Die Lieblichkeit des Seinsgedankens hält

Mich auf der Bahn ununterbrochenen Betrachtens aller Dinge als in sich vollendet und bekömmlich und am Ende hoch erhaben in der Frische, die sie, göttlichen Geblüts, durchzieht und ihnen höchste Würde, Wirksamkeit und schöpferisches Flair verleiht, an dem sie sich gewissenhaft erlaben.

Beständig zieh Ich Neues an und seinsvollende es im selben Zuge herrlich im Gedankenflug und in der Sphäre der Gelegenheit, voll Phantasie das Unerhörte zu erschaffen, das in Meines Wesens Kräften schlummert und ins Wirkliche empordrängt mehr und mehr. Anbeginn und Abschluss findet alles in dezenter Harmonie, worüber Ich verfüge und wo die Teile sich zum aberbunten Bild zusammenfügen. Ohne Zögern, ohne Rast und Ruh bereite ich mir selbst das Löbliche, das aus dem Seinsgehalt der Schönheit spriesst und alles Wesenhafte still und licht durchflutet.

Komm nun und schau mit Mir dies alles an und wähle, was du willst: Es ist ein Ausbund von beseeltem Singen, Springen und Verstehn, ein Tanzen um das Feuer der Begeisterung am Sein und ein In-wunderbaren-Gnaden-im-unnennbar-Seligen-Verweilen.

1.14

Bist du voll Erwartens, strömen sich die Seinsgedanken zart und liebelicht dir zu und lassen dich das Glück des Freiseins von der Erdenschwere und der Leidenschaftlichkeit des Lebenslaufs erfahren. Du bedeutest dir, wie im Unendlichen die Dinge als im Schoss der Weisheit sich vollziehn, wo alles seinen Wert und seine Würde hat im Licht der Harmonie, das sich im Wesenhaften still und sanft verbreitet, die Glückseligkeit zu fördern, die in alle Daseinsräume weht.

Was du so in dir erlebst, ist wunderbarer-weis' geprägt von Ebenmässigkeit und Klarheit des Gedankenwebens. Eins ergibt sich aus dem anderen in selbstverständlicher Gerechtigkeit des tJberlegens und zeigt dir eine Wirklichkeit des Alls von makelloser Güte und von einem Feingehalt der Kräfte des Gestaltens, der von keiner noch so siebenklugen Menschenweisheit übertroffen werden kann.

Gotteswerke sind der Inbegriff von Lauterkeit und Stärke, Gediegenheit und Heiterkeit des Ausgehns aus dem Herzen der Geduld und Liebe, des Gestaltungswillens und des absoluten Freiseins von Behinderungen. Derart Bin Ich rein und von der Gnade der Vollkommenheit durchzogen. Mein Geschick ist nicht ans Pröblerische angebunden. Jeder Einfall ist in sich ein Wurf voll Grazie und tänzerischer Einfalt wie auch an Gutheit in sich selbst, die aus dem Vielen eines macht, das im Zusammenspiel der Kräfte das Gelingen produziert und von Erfolg zu mehr und mehr sich stilisiert in seinen adlerischen Runden.

Ich stufe Meine Wirksamkeit in Glanz und Stille als das Nonplusultra des Vollbringens ein und rede nicht, wo Mindere sich hundertfach besprechen müssen. Ich traue Mir die Eleganz des Schaffens in Potenz und Würde zu, von der die bis ins Feinste ziselierten Wunderwerke der Natürlichkeit beredt und heiter Zeugnis geben.

Heilig, heilvoll und ermutigend ist alles, was Ich tu' in der Gesetzlichkeit der Räume und in der Pracht der universenweiten Überlegenheit der Dinge, die sich in Mir wesenhaft verbreiten.

Meines Seins Gebärde atmet Licht und Liebe überall, wo Ich Mich finde, und bedeutet Meinen Rechten Wohlgesonnenheit wie Überlegtheit jeder noch so kleinen, fliessenden Errungenschaft, die Ich Mir vors Gewissen lege. Kommt es, kommt alles in der Weise der gestalterischen Gründlichkeit und Unversehrtheit an und meistert auch die schlausten Tücken, die sich in die Wege stellen Meines Auferstehns.

Das ist das Programm im Werden und Bestehn der seins-bewussten Dinge Meiner Wahl, die Meine Grösse, Mein Talent und Meine Feinheit offenbaren. Allüberall Bin Ich der Zeichner mit dem Stift der reinsten Poesie und der Errungenschaft von meisterlicher Güte an Mir selbst und an den Schöpfungen, die von Mir ausgehn und sich wieder in Mir finden.

Ich Bin und fliess und ströme und erwarte Mich in Wonne und Bescheidenheit, in Zierlichkeit und Wohlgeborgenheit, in Wachheit und Gewandtheit wieder, lächelnden Gemüts und heiteren Geblüts, in unnachahmlicher Grandezza, wie in sagenhaft beseligender Ruh.

1.15

Erinnerungen an die Zukunft will Ich nennen, was so unversehrt und unvermittelt aus Mir selbst daherkommt in unendlichem Entladen. Ich mache Mir nichts vor, wenn Ich Mein Sein als auferweckt bezeichne zu einem grandiosen Saitenspiel, an dem Ich innig Mich erlabe. Es kommt und es verweht ins Nichts, was Ich Mir allhin weich und reich und unerhört in Zärtlichkeit und Unerbittlichkeit besage.

Ein Traum von Hoffnung ist es, dem Ich Wirklichkeit gewähr in unerschöpflichem Begehren, ein Wunscherfüllen, das Mein Inneres nach aussen kehrt und es zu Weltgebilden stilisiert von hehrer Pracht und seiender Gewissheit an sich selbst, die sich in Wesenhaftigkeit und Schönheit der Geburt verfluten.

Was Ich Mir Bin in allen Sphären gleisst mit Sonnenfeuerkraft dahin und opfert sich als Lebensliebewärme dem gestalterischen Tun, das Ich Mir auferlege. So kommen Wunderwerke noch und noch zustande, die lebendigen Gebüts die Räume zieren und Verständnis zeigen, seelenvolles Fühlen, wie Erhabenheit des Überlegens, unverwechselbar in göttlich meisterlicher Majestät, die allseits Wirksamkeit beweist und Trautheit des Gebarens.

Dem Ausbruch aus Mir selbst folgt selige Gestilltheit in der Universenschau, die Ich Mir, liebevollen Blicks, aufs köstlichste gewähre. Weisheit tastet sich im Reichtum reiner Farbenbilderhaftigkeit heran und schenkt Mir Wonne an Mir selbst in seinsnatürlicher Gewandtheit und verströmender Gerechtigkeit im Nu der Zeit, die aufblitzt und verweht, dem nächsten Augenblick den Stab zu übergeben. Nichts hindert Mich, in stummem Gleichklang mit Mir selbst den Dialog der Folge-richtigkeit zu führen und Gedanke um Gedanke orchideengleich aus Mir zu spriessen, hell und wunderbar.

In so mancher heilgewordner Seinsoase lebe Ich dahin in lächelndem Entzücken an der Wohlfahrt, die Ich Mir beschere. Im Wesen der Gemeinschaft Bin Ich eins mit Mir und durchströme das Gewissen Meiner Seinspräsenz mit Edelmütigkeit und Stärke, Gläubigkeit und Mut, derweil die Dinge Meines Flutens sich nach wunderbar gesetzten Regeln unfehlbar vollziehn,

Biegsamkeiten, Schmiegsamkeiten sind in Fülle Mir gegeben, die die Weiden grünen lassen und Geschicktheit, Wunderwirksamkeit und Feinheit des Gestaltens offenbaren. Wahrheit und Geschlossenheit des Bildes sind in Meiner Wesenswelt das A und O, mit dem Ich Seinsvertrauen, Güte und Bewegtheit schaffe im Gedeihen der Projekte, die Ich Mir erlese, 'Wahrhaftiger Wandel ist ein Zierstück Meiner Seinsphilosophie, das sich ohne Abstrich ins Gedeihen prägt der Dinge Meines Rauschens. Zu Orkanen schwillt es an, wenn Ich Mich so an allen Enden fasse und Gewaltigkeit in Szene setze vor dem Meisterauge, das die seelenvolle Mitte ist im Wirbel des Geschehns. Desgleichen ist es die Behutsamkeit der Liebe, die vom Weltenherz zum All der Dinge leis und weise sich verströmt, den Lebensstrom zur Güte zu bewegen.

So bestehe Ich auf dem, was Ich Mir pausenlos gewähre. Der Beschützer Meiner Tugend Bin Ich ebenso wie der Bewahrer der Unendlichkeiten, die in Mir sich kundtun, schöpferkraftgegeben und geadelt von dem Feuer der Begeisterung, das alldurchflutend Lichtheit zeugt in den Belangen Meiner Kür. Ich webe und belebe, sammle und verrammle frank und frei, was Ich Mir unentwegt entbiete, trage Hoffnung und Verschwiegenheit in alle Sphären und gewähre Mir Entzücken an Mir selbst allüberall, wo sich die Flut des Bildens in die Räume prägt, die Ich Mir tatenfroh erschaffe.

Widersprüchlichkeit wie Einheit sind das Los, das Ich Mir schauend, staunend und erhaben auferlege, Traulichkeit in Göttersphären das Erfüllen Meiner Sehnsucht nach Geborgenheit und Heimkunft, Seelenwachheit und elysischer Gestilltheit in der Harmonie des Himmels, den Ich in limpidem Silberblauen über Meinen Allraum zieh. Hier Bin Ich absolute Heiterkeit und Ruh, das reinste Equilibrium, wie die Gelöstheit des Glückseligseins im zärtlichsten Umfangen.

1.16

Christi Wesenswelt ist Wohlgeraten und verzeihende Vernunft aus liebevoller Anteilnahme an der Menschenwelt, die Ist, in Seinem Sich-an-sie-Verströmen.

In Christus Bin Mir des Schicksalseins natürliches Zusammenfassen und webe Mir zum Ganzen, was sich so zersplittert vorkommt, ordne, fühle und bewege überall das Herzbefinden, weil Ich in Ihm Liebe Bin der allerreinsten Art, verbunden mit unendlich sanfter Anteilnahme am Erwachsenwerden jedes Inkarnierten, der im Kommen seine Ansicht tief ins Weltgewissen projiziert, das wächst und wächst, Unendlichem entgegen.

Mein Charisma ist's, gezielt und heiter wohlgeschaffne Dinge zu bewegen, um den Fortschritt Meiner selbst zu generieren. Was Ich will, muss sich in Ausgelassenheit und Stärke, Schöpferkraft und sagenhaftem Phantasieren in die Wirklichkeit entladen Meines Seins, das alles ist und das den Seinsvernünftigen den Grund gibt ihres fabelhaften Existierens. Ich komm und komme immer nur zu Mir im Allsein Meiner Züge. Du Bist nicht Mensch allein, doch immer auch Mein Wesen. Überschauende Bewusstheit impf' Ich dir von Tag zu Tagen mehr ins strahlende Gewissen und übertrage dir das Schauspiel Meiner Schaffensfreudigkeit im Grünen. Unfehlbar beschreit' Ich Meines Bogens fabelhafte Tatenwelt und sprühe Mich aus Kraft und Logik, Heilsinn und Gewandtheit in die Traulichkeit der Sphären.

Unermessne Weiten tun sich vor Mir auf, so wie Ich Meine Wachheit um Mich breite und gestählten Auges überschaue, was Ich Mir erschuf, Fördernd, feierlich und restlos in Mir aufgehoben, übertrage Ich Mein Sosein auf die Wesensglieder der Vermählten Meiner Zunft, Ich handle, wandle und errichte, was Ich Bin in ihnen durch Äonenzeit in Freimut und gelingender Potenz, der sich Natürlichkeit gesellt und liebevolles Wohlgeraten.

Hier nehm Ich Abschied vom Mich-selbst-Bedenken und gewähre Mir die Ruh in lichter Harmonie wie in der Wonne strahlender Beglückung, die Ich koste, Meinem unbegreiflich wunderbaren Sein zu Ehren.

1.17

Ich begrüsse dich in deinem Ewigkeitswesen, das dich Mir verbindet offenbar. So viel Rätselhaftes schwindet, wenn du dich Mir vertraust und den wahren Grund der Dinge dir erspürst in deinem Sehnen nach Gerechtigkeit im Leben.

Mensch geworden, öffnet sich dir das Unendliche mit einem Male, wenn du dich veränderst im Bewusstsein Meinen Wirklichkeiten zu. Der Verstand verschleiert, was Ich Bin, und deshalb musst du dir ein neues Werkzeug schaffen des Erkennens Meiner Güte. Dann komm Ich wie der Wirbelwind daher und fege alles Unnatürliche beiseite. Nur Mein innig Wort soll schliesslich noch bestehn und dich galant zur Seinserfüllung führen. Denn Grosses hab Ich dir bereitet in des Werdens Manifest und Hochzeit mit den göttlichen Begriffen, die unendlich weise in den Lebensräumen stehn.

Üben, üben, üben ist die lockende Devise, mit der Ich Meine Treuen Meinen Himmeln zugesehen will, denn die geduldige Arbeit musst du selber leisten. Immer schein Ich auf Distanz zu sein und doch Bin Ich dir innig nah in deinen Seelengründen. Was Ich will, ist Wachheit vor dir selbst und vor den Dingen, die im Inneren geschehn. Verschränke dich mit Mir und schon bist du auf sicherer Spur zur Fülle des Erlebens. Es ziehen Seligkeit und Wonne in dein strahlendes Gewissen, wenn du dein und Mein bist im Beschauen.

Auferstehn will Ich in dir, dich dem begrenzten Weltensein entheben, des Bewusstseins Auge in die Sphären ewigen Heiterseins getaucht, deren Zeuge Ich dir Bin, in deinen Wundern.

Reich Mir hinüber deine Hände ins Unendliche, in dem Ich webe, und vertiefe dich im Stillesein ins Unvergängliche und Unlotbare, das dein Erbteil ist in Mir.

Es geschieht, dass du, Mir folgend, auf den Spuren wandelst göttlicher Gebärden, die in wunderbaren Zeichen strahlend vor dir stehn. Weisst du sie zu deuten, weisen sie dich in die Sicherheit der Sterne, die dich mit zärtlichem Geflüster in Gediegenheit umstehn. Grandios das All und überwältigend die Schau nach Innen, die dir seines Abbilds Wirklichkeit beschert.

So reich Mein Sein in allen Sphären, so mütterlich, was Ich mit dir betreibe und auf denselben Nenner bringe des

Erlebens der Glückseligkeiten, die durch Meine aber-
lichten Räume wehn.

1.18

So wie Ich vor Mir selber steh in Meinen Wundern, als
das Wesen kosmischen Geblüts, das Ich Mir Bin, ist alles
gut und Güte der Allherrlichkeit und ohne jede Frage. Ich
habe Heimat in Mir selbst gefunden, als dem Aller-
höchsten, das in keiner Fehde steht, weil Es in
unerschütterlicher Einheit und Getragenheit in Gründen
ruht, die allem überstehn und aller Dinge Ausgang sind
und Heimkunft in holdseligem Erwarten.

Mein Bewusstsein, aus dem Menschlichen emporgestie-
gen, darf in Sternenräume sich verströmen und erfahren,
was es heisst, in kosmischer Erhabenheit zu ruhn. Nichts
kann Mich fürder kränken, keine Sorge Mich bedrücken
um Mein Wohl, weil Ich im Körperlosen wese und allein
dem reinen Sein gehöre, im Entzücken der Gestilitheit
wie im Raunen der Glückseligkeit, die Mich bewegt im
Zeitenlosen.

Das ist die Kunst, die wahre Wirklichkeit aufs schönste
zu geniessen, der Hauch des Friedens, der die
Seelenräume still durchweht, wie die Gelassenheit an
sich, die sich das Ränkespiel der Welt beschaut aus
weiter, sicherer Ferne als ein reifezeugendes Gewalten.

Ich steh in allem als ein Wesen und Bin zugleich dem
Weltlichen entrückt, vollkommen losgelöst zu Meiner
Innigkeit erhoben. Liebevoll und heiter Bin Ich in Mich
selbst versunken und ruh' gedankenfroh im Anschaun
Meiner Seinsnatur. Alles, was Ich Bin, ist Redlichkeit
und Güte, Wohlgeborgenheit und Wonne ohnegleichen.
Ein Fest des Ewigen will Mir dies heitre Weben und
Erleben scheinen.

Es prägt sich Mir die Gegenwart ins lauschende
Gewissen als Sein in reiner Minne und erfüllt Mich mit
glückseliger Begeisterung am Leben.

Der Herzgedanke wendet sich der Gottheit zu, die
Meines Wesens Traulichkeit in Ihrem Schoss behütet in
der Glorie der Sternenwelt hinieden. Deinem Willen
Mich ergeben, Deine Wunderwerke seh', ist wie am
Brunnen der Begeisterung steh' und gierig trinken. Sie ist

Mir der Inbegriff des Weilens in Gerechtigkeit und Frieden, in der Einheit des Allhöchsten, wie in sel'ger Abgeschiedenheit inmitten der Gerechten, die vom beglückendsten, das Ist, gekostet haben.

1.19

Offenbar im Sein Bin Ich, weit über allen Nöten. Unverletzlich, glückselig und erhaben schau Ich Meines Soseins Perlenschnur von Edelmut und liebe-lächelndem Mich-selbst-Erfahren. Vollbewusst und heiter wes' Ich in Allräumen und bereite Mir das Fest der strahlenden Allgegenwart, in der Ich Mich befinde. Makellos ist Meines Seins Gewissen im urewigen Gewahren der Glückseligkeit, die Mich durchrieselt. Wirklichkeit und Fülle fühl Ich im meisterlichen Sternenspiel, des' Grazie Mich königlich begütet.

In voller Losgelöstheit Bin Ich überragenden Unendlichkeiten hingegeben. In einer Wesenswelt von namenloser Süsse zieh Ich in Wohlvertrautheit und Bewunderung durchs Äthermeer dahin. Mit allen Seinsgeliebten Bin Ich holdseligem Erinnern auf der Spur und vollende, was Ich Bin, in stiller Andacht vor dem unergründlichen Geheimnis, das Ich Mir bedeute. Aller Weisheit offen, bin Ich Mir lebendige Kraft in Gottesgründen und bereite Mir das unwahrscheinliche Entzücken der Geselligkeit im Reich der überragendsten der Geister, die wir Seraphime, Cherubime, Throne nennen. Dass Ich ihr In-Mir-Sein fühle, ist Mir höchstes Glück und überbordende Begeisterung am Leben. Wahrhaftigkeit und Schönheit, Ursprung und Erblühen aller Dinge tun sich vor Mir auf, und prägen sich dem Seinsgewissen ein, das Ich in unerschöpflicher Geduld vertrauensvoll errungen habe.

Dies alles steht Mir trefflich an begeistert auszusagen, im Angesicht der Universenstille, die Mich im Sternenraum umhüllt und die Mein Ein und Alles ist im wonnevollen Seinserleben.

1.20

Wach in Sternenräumen Bin Ich Mir Glückseligkeit des Weilens in der Engelfreude Hort, - wie die Verwirklichung der Tugend der Begeisterung am Leben. Vollem Sein dahingegeben, trete Ich die Zukunft menschlicher Bestimmung an, erkennend, dass Ich Bin Allwesen in Bewusstheit, Allpräsenz und Güte, Mich selbst durchwebend offenbar.

Fühlend schauen, schauend fühlen in Allräumen Mich, ist Meines Wesens Morgengabe ans Unendliche sowie Mein Glück in seliger Bestimmung dessen, was Ich sein darf ohne Mich zu zieren.

Glanz und Allbegreifen tragen Mich in seinsvollendeter Gelöstheit durch die Sphärenwelt dahin, in strahlender Lebendigkeit und staunendem Erröten ob der Fabelhaftigkeit des tief beglückenden Geschehns.

Zärtlichkeit des Dankens für so viel lichte Sternenpoesie, die Mich durchflutet. Galaxie um Galaxie erklärt sich Mir in hohen Wundern und erlöst sich in die Farbenbildlichkeit unnennbar trauter Schöne, die Ich liebvoll kosten darf im Raumgewissen, das Ich Mir erschuf. Heiterkeit an sich und Seinsbewusstheit, zeitenlos im ewigen Liebeslicht geworden, bewahre Ich den Inbegriff des Heils in Meinem Mich-Begründen und gewähre Meinem Sein die Wonne des Erlebens einer Wirklichkeit von Kraft und Anmut, Grazie des Weilens und unendlicher Getragenheit, die sich im wallenden Entzücken äussert, das Ich in Mir finde. Seinsharmonisches Geflüster fliesst durch Mein Mich-Finden in der makellosen Lichtheit Meiner Züge. Absolute Wachheit krönt das Medium, das Ich Mir Bin, und öffnet Mir die Schau aufs Wunderbare, das Ich unfehlbar beim Namen nenne und mit der Zunge der Begeisterung im Wohlklang der Vollendung Mir besinge, seelenvoll, wahrhaftig, mild und schön.

1.21

Was Ich Bin gesteh Ich Mir als Meine Sache, die von der Glut der Freude ganz durchtränkt ist und in sich besteht als Ausbund der unendlichen Geschicklichkeit im Weben und Beleben, Pläneschmieden, Furchenziehn und wunderbaren Werken ihre Wirklichkeit verleihen. An irgendeiner Ecke fang Ich an und steigre Mich von Stuf zu Stufe zu Bedeutungsvollerem hinan, bis es sich seinsvollendet und in makelloser Schöne darstellt als gelungen und getan.

Mein Einblick in die innigsten Zusammenhänge Meiner selbst erweist sich als der Grund der Gründlichkeit, mit der Ich immerzu agiere, So Bin Ich noch im Kleinsten unwiderleglicher Garant des grossen Wurfs, der von Gelingen strahlt und seelenvolle Einzigartigkeit verkündet. Im Reinen ist Mein Ruhn. Nach der Behauptung Meiner selbst bewegt erwartungsvolles Stillsein Meinen Sinn in Heiterkeiten, mustergültiger Zuversicht und weitgedehntem Frieden.

Bin Ich der Träger ungezählter Namen, so deutet das aufs Namenlose hin, das Ich voll Verve im Dom der allgestaltenden Magie errichtet habe. Seinsentzücken und Beglücken ist Mein Ziel an jeder Stelle Meines tätigen Erscheinens, Überborden Meine Wonne, wo es gilt, der Vielfalt und der Samenfülle Raum dahinzugeben. Auf jeder Stufe Meines Bildens Bin Ich alles in unübertroffner Dichte Meiner Seinspräsenz und verströme Mich in Kraft und Können an die Wesenswelt in Meiner Weise, Meisterdinge zu gestalten. Immer Bin Ich hellwach in der Kunst des Selbstbeschauens und des nie versiegenden Begütens dessen, was Ich Mir erschuf.

Im Zeichen der Beständigkeit und Seelenaugenfrische schaffen sich die Hierarchien Meiner Diener unentwegt voran und bilden in Mir die Gehänge und Gesänge Meines Rauschens.

Schliesslich wird Mir alles gut und atmet Festlichkeit des wohlgeordneten Gelingens, Weisheit wirkungsvollen Weitergehns und Innigkeit des Selbsterfahrens.

1.22

Liebevoll auf Gott zu hören, ist dir eine Wesenspflicht von wunderbarer Süsse. Was ist so friedvoll, wie das Warten auf das Wort, das sich in wortlos eingebrachter Redlichkeit bedächtig ins Gewissen schmiegt im Seinsgehorchen.

Dem Fluidum der Zeit ergeben, atme Ich den Segen ein, der sich Mir mitteilt aus dem Grenzenlosen. Es ist die Kunde von der Anmut wahren Lebens in dezenter Seinsgerechtigkeit und tugendhaftem Werte-Buchstabieren. Im Milieu der Reinheit des Gewissens ist Mir wohl und alles, was die Gottgefälligkeit vermehrt, zeugt Freude und Gelassenheit, Bestimmtheit, Seelenseligkeit und Heiterkeit im Reichtum des Gestaltens neuen Sinngehalts im Leben.

Das Gesetz vertritt den Meister in der Eigentümlichkeit des Wirkenlassens weise wissender Gedankenströme. Ihnen ist das Künftige zugetan, das alle Welt erhebt, sowie es sich in schillernder Bewegtheit offenbart.

In der Niederkunft der überirdischen Ideen öffnet sich dem Menschentum der Weg zur Freiheit und zur Wirklichkeit des Wesens in unendlich feinem Miteinander-durch-die-Zeiten-Gehn. Erhabene Gestalter des Geschehns erfüllen ihre Absicht in den reinsten Zügen und bewirken Wohlfahrt, Friedefertigkeit und Grazie des Seins, in der sich bildenden Geschichte einer heilen Welt im Wunderbaren.

1.23

Empfangenden Gemüts lässt es sich trefflich sein in Sphären des begeisternden Elans und der Glückseligkeit im Reinen. Du kommst, du Bist und niemand hat auch nur ein Wort dazu zu sagen, weil du über allem Trübsinn eine Daseinsform gefunden hast, die sich in sich bewährt und weder Fragen aufwirft, noch die Wellen hochgeworfner Leidenschaft, derweil sich weit und breit begehrenswertes Mmnesein verbreitet.

Auf dich selbst gestellt, vermagst du allem deines Ursinns Richtigkeit zu geben. Kein Gefälle ist vorhanden im Allhöchsten, das du Bist und in der Bruderschaft der Sterne, die dich trefflich deine Runden ziehen lässt in wohlgemessenen Spiralen. Kennst du dich, erkennst du, was das Wesentliche ist im Schwall der Güter, die dich rings umstehn. Du musst nicht rechten um den richtigen Besitz, weil dir das Rechte schon gehört, derweil du dich in freier Seinsbegeisterung zu den Erwählten zählst.

Die Schau auf was du Bist, erhebt dich aus der

Erden-schwere ins Bewusstsein der allweiten Leichtigkeit der geisterfüllten Sphären.

Verinnerung macht gross im Dich-geborgen-Fühlen, wo immer du dich findest. Manna überird'schen Trosts labt deiner Seele Sehnsucht nach Befriedung und Gerechtigkeit im Dasein, das dir zusteht seit Urewigkeiten. Nichts Minderes als Fülle und Vollendung sind dir eigen in der Gegenwart des Absoluten, der du angehörst und die dich in die allgewaltige Gestilltheit führt und in die Märchenstille der beglückenden Vernunft im Weilen.

Dir ist der Reichtum der bewussten Wachheit ins Gemüt geschrieben, der so hold, so zart und so erfrischend deinem ganzen Dasein eine neue Note und das Siegel der Holdseligkeit verleiht. Das Wirkliche der Sphären ist dir sonnenklares und lebendiges Bestehn, das sich voll Weisheit äussert und voll Liebe zu den Wesen wendet, die es sich erschuf. Gelassen Bist du über alle Massen in der Unbeschwertheit, die dich unentwegt beseelt und die dir Schaffensfreude, Verve und Willenskraft verleiht nach Noten, für des Werks und Wirkens Wohlgelingen.

In der Trautheit wahrer Sammlung in dir selbst erkennst du dich als Eines, das die Mitte ist, um die sich alle Dinge deiner Weltschau scharen. Du vollendest dich aufs trefflichste in ihnen, indem du ihnen innewohnst und ihnen Mass und Stärke Bist in unverhohlenem Begeistern und Bewegen. Meisterschaft im Bilden prägt dein Sosein aufs entschiedenste und lädt die Wesen alle dazu ein, von deinem Strahlenlichte zu geniessen, um es selber aus der Fülle in die Fülle weiter zu verströmen.

Nur die Liebe zum allweiten Sein kann dies erklären und die Lieblichkeit der Seinsgesetze kann der Anlass sein, sie zum Patron zu wählen und zur einzigen Diktatur, der sich die Seele in Ergriffenheit, Verehrung und Bewusstheit beugt, um alles zu erreichen, was sie will und wollte, ohne noch ein Ende abzusehn. Denn das Glück der Stunde strömt aus dem Gehorchen einem höchsten Willen, der wie ein Fanal im Raume steht und der die zärtlichsten der Zügel braucht für sein Regieren.

Machst du dich los, bist du verloren, lässt du dich leiten, öffnen sich dir alle Schleusen der Bekömmlichkeit am Leben und du wirkst wie einer, der erkannt hat, was sich ziemt und was die süssesten der Früchte bringt in seinem

Garten.

Lass es nun gut sein in der Güte der Allherrlichkeit und lass dich auferwecken wie in einen Traum von Seligkeit und Wonne in der Wirklichkeit der Sphären.

1.24

Immer Bist du da, um Mir zu dienen, bald in Unbewusstheit und Verschrobenheit, bald wachgewordnen Geistes in des Überschauens meisterlichem Spiel. In allem aber Bin Ich deines Urgrunds mustergültige Textur in deines Fühlens Hort und deines Überlegens Stimulanz von Gottes Gnaden.

Willst du Meinen Weckruf wohl beachten und hurtig in die Tenne gehn, wo Geistesfutter dich erlabt und schöne, meisterliche Bilder vor dir stehn der kosmischen Geschichte, in die du eingebunden bist und die Ich dir in wundersamer Dichte und Erhabenheit erzähle?

Es öffnen sich dir alle Grenzen, wenn du dir den wachen Blick errungen, der in Meine Weiten geht und der in Seinspräsenz durchschaut, was so viel andre nicht durchschauen mögen. Gewahrnis aller Wunder deines Seins biet Ich dir an und löse dir galant die Rätsel, die sich dir gesellten auf dem Lebensweg. In Bildern sprech Ich, wie in Taten, die Ich in der Tat durch dich geschehen lasse, taufrisch und gediegen.

Erweisest du dich als Gefährte Meiner Seinsgepflogenheiten, Bin Ich dir geheimnisvollerweis das Medium des Schaffens an dir selbst und wirke, was du wirkst, in hundertfältigern Gedeihen. Es hellen sich die Züge auf, die dich vorangetrieben und lassen mehr und mehr ein Antlitz von erstaunenswerter Schönheit und Gelöstheit vor der Welt erscheinen. Ins Makellose zieh ich dein Befinden und überwalte, was du Bist, mit Cherubsschwingen. Du Bist im Mass des Seinsvertrauens und des Hingegebenseins mit Mir verbunden und verlangst nichts mehr vom Leben, sowie du Meine Fülle, Meine Süsse und Mein rigoroses Regiment gekostet hast in deinen Seelengründen.

Wie ein Sommerabendwindchen trag Ich Mich dir an und übergleite in dezenter Zartheit dein beseligtes Empfinden. Unbeschwertheit, Gebefreudigkeit und Daunenleichtigkeiten giess Ich deinem Willen zu, dich täglich zu versöhnen mit der Daseinswelt, in die du eingebunden. Du verwandelst dich in das, was du geschaut hast in des Himmels Vorsicht und Geloben. In Eichwaldstärke stehst du da und trotzest aller Widersächlichkeit und Niedertracht, die dich befallen wollen. Gesegneten Gebietens wallst du durch die Zeiten deiner Eigenständigkeit im Walten, Schalten und Verstehn.

Niederungen werden von dir hochgezogen ins bewusste Überschauen des Geschehns und ins Bemeistern und Bestehn im Selbstvertrauen. Ich verwandle, was du vor dir schaust, in reichgeschmückte Gärten des beglückten Blühens, Duftverströmens, Wachsens und Gedeihens wunderbar.

Wohlgestimmtheit, Freundlichkeit und Edelmut bewegen dir das Herz und lassen dich den Saum der ewigen Glückseligkeit berühren. Denn, was immer Ich geworden bin in dir, muss wieder in die Aufgelöstheit reinen Seiens münden, sich verlierend in der Wonne lässigen Weilens in dir Selbst in Meinen Wesensgründen.

Das ausgesprochne Wort verhallt in urweitweiten Fernen und nimmt sich so zurück ins Weiselose, Unergründliche, das sich in Seinsbewusstheit und vollendetem Gestilltsein ewig in sich selber wiegt und als das wahre Eine heilig ist im Licht glückseligen Genesens.

1.25

Die Gnade des Gelingens strömt dir zu, wenn du noch ohne jede denkerische Eigenart dich hingibst einer Fülle von Gedanken, die unendlich weis' das All beseelen. Ihnen wendest du dich zu im Offensein für Fabelhaftigkeiten, die sich wie Zaubersprüche in dein Inneres schmiegen.

In der Andacht einer friedevollen Stunde setzest du dich mitten in den Strom des kosmischen Bewusstseins, das sich in beschwingten Stufen von beseelten Kräften wesenhaft ins All erhebt. Mitten unter ihnen darfst du dich als Seiender in Glanz und Glorie fühlen und des Glücks gewahr sein, das die Schaffenden durchzieht in lichterfüllten Sphären.

Seinsgetröstet trägst du dich galant voran, indem du alle

Unbotmässigkeiten über Bord wirfst und allein der vor-wärtsdrängenden Geschicklichkeit vertraust, die dem Unendlichen innewohnt mit Seinen Gnaden. Endlich findest du in Ihm, was du solang schon suchtest: Frieden und Begeisterung am Sein, Gelöstheit, Zuversichtlichkeit und unbeschwerte Heiterkeit im Dich-Erleben. Nichts weiter ist dir hier vonnöten, wo alles ist ein Spiel von Sagenhaftigkeit und Zartheit des Gewährens. Liebe-vollen Sich-Verschenkens schmiegen sich die seins-gewordnen Wesen zur Gestaltung einer Weltenwirklich-keit zusammen, die aus Geistesgründen quillt und sich verfestigt bis ins Offenbare, dem wir so gehorsam unterstehn.

In grenzenloser Freie tanzen darfst du, wenn du dein Fixiertsein auf das Offensichtliche erlöst hast und dich leiten lässest vom Gespür nach jener blühenden Bewegtheit im Bewusstsein eines Höheren, das dich im Sternenall umhüllt und dem du höchste Achtung zollst in deinem Dich-Vergüten. In diesem Schauen kommt dir eine Grazie des Seins entgegen, die zutiefst beglückt und die dein Wesen in der Barke des Verwandelns über Ströme gleiten lässt des sich vermehrenden Entzückens in der Morgendämmerung der neuen Zeit, die dir beschieden.

1.26

Der Weise tritt, sein Allsein zu begründen, bedächtig vor sich selber hin; er weiss, was er erfühlt und kann es letztlich nur sich selbst beschreiben. Sein tastendes Gewissen sieht die Geistwelt rings umher und beglaubigt sich, dass sie von Kräften, Strömungen und Wesen-haftigkeiten strotzt, die alle unerbittlich im Unendlichen agieren.

Ihnen schliesst er sich voll Seinsvertrauen an und stützt sich dabei auf die Guten, die in kosmischer Gelassenheit dem Lauf der Dinge ihre segenvolle Schicklichkeit verleihen. Bis ins Kleinste sind sie gross, derweil sie mit Gedankenschärfe und Beharrlichkeit den Fortschritt inszenieren. Im Zustand reiner Faszination am Werk, das ihnen aufgegeben, tragen sie Bedeutung in die Sphären und befördern die Geselligkeit der Schaffenden, indem

sie ihren Sinn für seinsgeschwisterliches Aneinander-
lehnen mehren.

Ohne Zweifel stimmt, was sie sich unter grandioser Sinn-
bezogenheit zurechtgelegt und zugesprochen haben. Ihre
blütenreine Weisung trägt in sich das Siegel der
Vollendung im Unendlichen, in dem es Geltung sich
verschafft durch Schönheit und Verspieltheit des
Erscheinens.

Immer ist das Wahre auch von Lieblichkeit durchzogen
und bewegt sich kunstvoll und geschickt durch den für es
bestimmten Zeitraum unbedingter Wirksamkeit und
Güte.

In der Reife ist die Strenge aufgehoben und der Zielpunkt
des Betrachtens löst sich auf in flutend leichte Anmut des
Betragens, wie das graziöse Sich-Verneigen vor dem
strahlenden Bewundern, das ihm zugetan. So weben sich
die Dinge in die Zeiten und stützen das Banale ebenso
wie sie das kunstvoll Arrangierte in die rechten Wege
leiten. Taufrisch strömt alles von der Warte überird'scher
Weisheit durch die Hierarchien und Äonen unfehlbar ins
Kleinste und Verästeltste hinunter, wo es immer noch in
Frische und in genialischer Durchdachtheit aufblüht in
der Vielfalt ohnegleichen.

Klar ist, dass die Himmelsmächte sich nicht zieren und
das Wesentliche wissend tun, derweil sie noch verkannt
sind von der Ignoranz der Ungeschliffenen, die, alles
besser wissend, sich in ihrem Eigensein verschliessen.

Das Makellose wiegt sich in entzückender Bescheiden-
heit in der Begrenzung, die es sich gegeben. Es erregt
Bewunderung, weil es in klar gesetzten Formen dasteht
als gegeben und mit dem allerletzten Strich zur
Seinsvollendung hochgezogen. Es Ist und reiht sich in
den Kranz der Wunderwerke ein, die, wie von
Geisterhand geschaffen, selbstbewusst im Leben stehn.

Bedeutung kommt von deuten, was dahinter steht, und
das sind eben jene Mächte, die der Meister über sich
erkennt und denen er Verehrung zollt und Hingegeben-
heit in einem. So muss sich Einsicht in das Ganze auch
im Ganzen zur Vollendung stilisieren, die das All zu
einem Einzigen zusammenfügt, das sich in Liebe, Licht
und Frieden in sich selber heimisch fühlen will und das
in ewiger Ergriffenheit und wunderwirkender Gekonnt-

heit seine Stärken ausspielt und die Ströme, Flüsse, Bäche und Gerinnsel in ein Meer von Sein entlässt der Ungeformtheit und unendlichen Glückseligkeit im Reinen.

Wunder der Erhabenheit

2.1

Himmlische Gelöstheit und Erlöstheit waltet in den Sphären, die Mir eigen. Hochgesänge wallen durch die Brust der Seinsgerechten, deren strahlendes Bewusstsein sich zu Dem erhebt, der Ist und der in myriadenfältiger Gestimmtheit alles Sein in sich vereint, das Seine Zierde ist und Seines Atems Inhalt im Äonenfluten.

Endlich sind die Züge Meines Rauschens in die höchsten Höhn erhoben. Ich bewahre überwältigende Friedefertigkeit in Meinem Mich-Bewohnen, als ein rechtes Ziel in ewig jugendlichen Jahren. Meister sein im Wohllaut weihevollen Weilens in Mir selbst, Handeln und Gewährenlassen sind die Pole Meines Seins im Uner-gründlichen.

Gefasstheit nenn Ich jede Tugend in Potenz, die an der Schwelle der Verwirklichung steht. Mehr hab Ich von Mir selber nicht zu sagen, denn das Erfülltsein ruht in sich und ist dem Stillesein dahingegeben. Erhabne Schönheit Bin Ich, ohne mich im Ausgesandten zu verlieren. Wer wollte sich veräussern, wenn er so gelassen ist, derweil er im Ich Bin sich selber Trost und Seinsbeglücken webt.

Was Ich Mir Bin, ist Mir in lautrer Fülle liebevoll ins Herz geschrieben, das in Beharrlichkeit und Frieden will in sich beruhn. Aneinanderreihende Geduld ist Mir gegeben für die Äusserungen Meiner Lebens-kunst im seinsgewandten Über-Mich-Verfügen.

2.2

Seinsgeschichte schreiben in Gedankenlosigkeit und Losgelöstheit ist Mein Ziel. Was Ich in Mir wirke, trägt das Siegel der vollendeten Beschaulichkeit in der Ich wese. Was Bestand hat vor den Augen einer Wesenswelt von Seraphimen, trag Ich hier in meisterhaft gebildeten Sentenzen vor, um manches Herzblut zu erfreuen und das

Liebesfeuer zum Unendlichen im Chor der Auserwählten zu entfachen.

Sie sind's, die sich auf göttliche Belange einge-schworen, sie überwinden, was sie sind, um sich in namenloser Seligkeit im Sein zu wiegen, das ihr Ein und Alles ist geworden. Denn nichts gleicht dem, was sie erfahren im Wunder der Erhabenheit in hochgebenedeiten Sphären, in denen sich die Dinge der Allherrlichkeit entfalten zu einer ewigen Freudensinfonie. Sie haben Teil an der Wahr-haftigkeit der höchsten Güte, die sich selber in begeisternden Gesängen preist und sich darin gefällt, die Rolle der holdseligen Entschiedenheit zu spielen.

Das Sein der Seinsgewissen ist ein einziges Verehren der geheimnisvollen Kräfte, die das All regieren. Sie wissen, dass sie selbst an ihnen wunderbaren Anteil haben und geniessen so ein Vorrecht der sich selbst erfahrenden Natur in wundervoll getragnen Wesenszügen.

Wer wollte nicht in solcher Harmonie des Weilens in sich selber wesen, wer nicht des Nichtstuns im gewöhnlichen Gedankensinne sich erfreun, um siegessicher im Er-kennen sich Gewissheit zu verschaffen von der Majestät und der wahrhaftigen Gediegenheit der lichterfüllten Wesen, die in Universenräumen wallend hin und wider gehn? Ihnen sich in liebelächelndem Bescheiden zu gesellen, ist der Seele wunderbarster Trost und ihres Heils Gesetzlichkeit im Aufschwung, den sie dann erfährt, wenn ihr gewissenhaftes Streben Früchte zeitigt und ihr Sein dem Ursprung wieder sich vermählt, dem sie vor Urzeiten hoffnungsfroh entronnen.

Nun ist sie wieder in die Seinsgeborgenheit gebettet, wie in Engelschwingenflaum, wie ins Erleben einer ewigen Morgenrosenröte in sich selbst, als Inbegriff des Wahren, Guten, Schönen, das sie so ersehnt und das sie mit bewunderns-werter Stärke und Begeisterung begabt am Wesen, Wirken und Bestehn.

Nie von Sterblichen gesehn und von ihnen nie erfahren ist die Unergründlichkeit des Ewigen, in die die Seele sich verströmt, wenn sie die Freiheit der Unendlichkeit für sich gewonnen und wenn sie gläubig, dankbar und voll Liebe sich in der Vereinigung mit dem Alleinen fühlt, das ihre einzige und unverwechselbare Heimat ist im Wunderbaren.

2.3

Immer nur Mich selbst belehr Ich, wenn Ich dich belehre über Meines Zustands Wenn und Aber, Meinen Goldgedankenfluss und Meine Daseins-harmonie. Ich errechne nie, was Ich zu tun gedenke, denn das Seins-natürliche geschieht im Jetzt, das sich im Nu entlädt und so den Dingen Wirklichkeit verleiht im Universum Meiner Kür. Lieb-voll an sie hingegeben, pfleg Ich dann des Einfalls hochgemutes Wesen, um sie fürs Äonenalter unverwelk-bar zu erhalten. Meine Triebe mehren sich in unver-wechselbarer Güte im Prozess des Werdens und Vergehns, des Samenspendens und Erblühns, des Reifens und Erringens strahlender Vollkommen-heiten durch bewegte Zeiten und beschauendes Beruhn.

Ich bewege Mich aus Urgrundkraft und Wille zum Gebären. Meines Sprudelns Ziel ist Unermesslich-keit und fabelhafte Güte des Gestaltens nach Gekonntheit, Richt und Mass und wundertätigem Beleben. Seinssubtil, fragil und vollends dem Geschehn ergeben, flutet Mein Empfinden durch die Ätherwelt dahin, wirft sich bald auf zu mächtigen Wogen, bald verebbt es zu glückseligem Stillesein in Wesenseinigkeit und Harmonie.

Ständig drängt's Mich, in den Vielen die Ge-schwisterschaft zu pflegen, die allein vollkommne Schönheit ziseliert und den Gestalten neue Werte zulegt in der Unergründlichkeit der Sphären. So verrichte Ich Mein Werk an dir und allen, denen Ich Gebärer, Nährer, Seinsgebieter, Richter und Belohner Bin im vollen Mass des Ewigen, das Ich verwalte und in strömender Lebendigkeit erhalte, immerzu.

Meine Wesensliebe trachtet nach der Inbrunst des Verschenkens Meiner Werte an die Welt der Myriaden Meiner Seinskultur. In jedem Wesen äussert sich die Einzigartigkeit, die aus dem Einen sich begründet, sowie im Fortschritt, die Genüg-samkeit, die Ich Mir auferlege. Denn: Wucher ist Mir fern und jeder Schönheit ist das Innehalten beigegeben, das ihr Vollendetsein besiegelt.

Weise Bin nur Ich und wer da Weisheit schöpfen will, der muss damit bei Mir beginnen. Alles Eigensüchtige betrügt sich selbst in seinem Wüten und hastet an dem Gnadenstrom vorbei, den Ich durch alle Lande sende. Meiner Wunderwerke Fülle ist enorm im lichterlohen Fabulieren neuer Wirklichkeiten. Niemals alle Meiner Künste wirst du kennen, die Ich wesenhaft mit vollem Ausdruck, holder Anmut, Wohlgemessenheit und Harmonie versehe. So leist Ich Mir das allerfüllende Geschehen an Mir selbst und bade Mich in allem, was Ich majestätisch angerichtet habe.

Einmal muss ein Jedes wieder das erhabne Sein erreichen, von dem es ausging und nach dem zurück es sich in allen Zeiten sehnt, die ihm zur Selbstverwirklichung gegeben. Im Sein ist Hochgemutheit, Grazie und Lieblichkeit des Aufenthalts gegeben. Mir selbst begegn' Ich hier in lächelndem Verehren Meiner Güte und im Kosten namenloser Wonne, die Mich leis durchrieselt in der Stille der Unendlichkeit, die ewig Ist und deren Weiten sich im unergründlichen Gelispel der Glückseligkeit verlieren.

2.4

Musik der Sphären hüllt dich gnädig ein. Es tragen Melodien dich hinan zum Freudesein in deines Herzens tröstlichem Gesunden. Wie bist du nun von Geistern der Gesellichkeit umwunden, die dich führen ins Beschauliche und Trauliche, die Welt empfindend zu erleben. So soll es sein, dass die Gemüter Seligkeiten in sich weben und die Trefflichkeit des Seins davon geniessen.

Meister ihres Fachs sind die Verlässlichen, die aus der Gegenwart des Instruments in seinem Klingen eine überirdsche Botschaft sehn. In weis' geführten Schritten zirkelt dich der Töne Wunderwerk vollkommen ein in deinen Welten und erhebt dich mühlos ins Unendliche, das immer da ist, dich in seine Würde, seine Wohlgestimmtheit und Beseeltheit aufzunehmen.

Behutsamkeit im Umgang mit den Tönen sänftigt das Gemüt und damit auch das Weltgewissen, das so viel sich nach dem Frieden sehnt in seinem vielgestaltigen Verlangen. In der Melodie erfüllt sich etwas von der Grazie, die Himmelsmächte in sich tragen. Denn Musik ist in den letzten Tiefen nicht von hier; sie offenbart ein Höheres im Erscheinen und lässt uns eine Welt von Lieblichkeit und Poesie erfahren, die weit über allem Irdischen besteht.

Herzensdankbarkeit blüht auf in diesem Garten des Bewusstseins, den der Mensch betreten und besu-chen kann, wenn er nur will, mit seinen reichen, feinen Zügen, um die Glückseligkeit des Seins zu kosten, wunderbar.

2.5

Was immer in Mir läuft, läuft rund nach den Prinzipien, die sich das Ewige erschuf zur Tröstung der Betrübten, zur Befriedung der Erregten und zur Festigung derWankelmütigen. Ich versäume nicht, dir mitzuteilen, dassdie Dynamik Meiner Kräfte nie erlahmt und dass die Unerschöpflichkeit an sich mein Wesensinhalt ist und Meine Lust und Stärke, die aufs Ganze zielt in allergrössten Dimensionen. Derweil du wie im Schlafe dich durchs Leben hangelst, steh ich jedem deiner Schritte Pate, weil Ich dich niemals möchte fallen sehn. Ich gestatte dir, so viel an Würde, Anmut und

Bestimmtheit zuzulegen, dass du schliesslich als ein Kunstwerk dastehst deiner selbst von Meinen Gnaden.

Sei dir immerzu bewusst, dass keine einzige deiner Taten ohne Mich geschehen kann, der Ich dich Bin in freier Variation und unbedingtem Zuspruch Meiner Züge. In welcher Richtung du in deiner Wachheit immer gehst, du kommst beständig bei Mir an und bist glückselig ob der Freundlichkeit, die dich empfängt in Meinen Sphären.

Vergleiche und du wirst das Gleichnis finden zwischen dir und Mir als eine Morgengabe an dein Herz, die Ich dir sende aus dem Schatzhaus Meiner Güter, die vom Hier ins Unermessne gehn.

2.6

Wenn Ich dich inspiriere, weisst du alles wie am Schnürchen herzusagen, was geeignet ist, den Lauf
der Welt zu preisen und Mein Ichsein zu beweisen, wunderbar. Es trägt sich Wort für Wort, das Ich dir auf die Zunge lege, unfehlbar ins Weltgedächtnis ein, wo es gelesen wird von hellgesichtigen Geistern über alle Weltenzeiten hin. Du aber wirkst das Wesentliche, das geschehen soll, nach Meinem Wort und Atem.

In weisem Aneinanderfügen übertreffe ich Mich selbst mit Wunderwerken des Gestaltens, die unendlich reicher Phantasie und zielbewusster Willenskraft entspringen. Was immer Ich zur Wirk-lichkeit erhebe, sprosst in blühender Natürlichkeit wie aus dem Nichts hervor und mehrt den Sinn der Welt mit seinen Gaben, um des Daseins willen, Licht und schön. Den Vortrefflichen stehn Meine Seinsgedanken Pate. Alles Liebliche erklärt sich aus der Lieblichkeit, die Meine Gärten ziert im Wunderbaren. So verleihe ich dem Leben, was es rund und schön macht, seinsharmonisch und gediegen. Jeder Meiner Züge ist ein Schritt im wohlgemessnen Weltenschreiten, das Ich über-walte und in vollen Einklang bringe mit der Absicht, die Ich in Mir hege.

Lässest du von Meines Führens Anspruch dich belehren, wird dir alles wohlgelingen und dein Leben wird zum Fest des guten Willens und der guten Tat, an dem du dich erbaust und alle sich erbauen in der Freude des Erkennens Meiner Gründe, liebvoll, weise, sonnenklar.

2.7

Ein Lied von Wohlfahrt, Wohlbekömmlichkeit und Grösse ist die Welt in Mir, wenn Ich sie so beschaue, wie sie sein soll und auch sein wird nach der Vielerfahrenheit und Leistung von Äonen. Mein Wille wirkt in wohl-dosierten und gesponnenen Sentenzen unfehlbar an dem, was Ich in Gang gesetzt und ausgetragen habe.

So voll Kraft und Unerbittlichkeit, wie sich die Meeres-wellen an die Ufer schlagen, trägt sich Mein Fortschritt in die Zeiten und Kulturen ein, die vor Mir hergehn in unendlicher Bewegtheit und Verspieltheit des Ge-schehns.

Ins Aufblühn und Verwelken ganzer Völkerschaften spreche Ich Mein Wort des Werdens und Verblühns, dem sich die Dinge und Gewalten beugen müssen.

So viele Menschenwerke sind noch nicht in Stimmung mit der Weltenmelodie, die Ich Mir intoniere; doch gibt es keinen anderen Bezug, als Mich zu wählen, der Ich Bin und der Ich selber Mich mit allem wohlgestalte und vergüte, wachen Sinnes und mit vollbewusstem In-die-Tiefe-Gehn.

Meine Sicht der Dinge trägt den Ruhm der Friede-fertigkeit in alle Sphären und erfüllt sich in der Seinsgerechtigkeit, die allem innewohnt, was Ist und was sich will vollenden. Endlich springt der Funke reiner Freude über am Gelingen eines Werks von grandiosem Übermass, das als die Perle der Natürlichkeit im Äther schwebt und in sich selber rein ist. Ihres Daseins froh, beschenken sich die Geisteswesen mit geschwisterlicher Liebenswürdigkeit und mit dem Lohn der Treue in der rettenden Gemeinschaft allen Wirkens und Einander-recht-Verstehns.

Der Segen der Beglückung legt sich auf die Häupter der Gerechten und errichtet damit ihres Seins Holdseligkeit in weihevollen Zügen.

2.8

Blank und frei bist du in Meinem seinsgeschichtlichen Umfangen, ohne dass du's weisst, weil deine Gärten dich mit einem hochgeführten Zaun um-stehn. Du könntest weise sein und durch die Zwischenräume in die Freiheit schauen, doch du brichst den Blick an den gesetzten Latten und erklärst, es gebe weiter nichts zu seh'n.

Du nützest dir am meisten, wenn du frisch und frohen Sinnes durch die Tage gehst, den Blick erhoben nach dem Stern, der Ich dir Bin in allen Situationen deiner weitgedehnten Wanderschaft zu Mir. Es ziemt sich, dass die Menschen auch ihr Inneres beschauen, weil ihnen dort die Perle aufblüht ewigen Glanzes, wundervoller Ruhe und Geborgenheit in Mir.

Wie ein Nichts fällt ab von dir, was dich vordem vollends in Anspruch nahm in deinem Dich-Behüten. Sowie du Mich erkennst in deinem Sein, erklären sich die Dinge dieser Welt als ein vortreffliches Geflüster, das allein den Zweck hat, dich Mir zuzuführen, denn selbst das Flüchtigste von ihnen nährt in dir die Sehnsucht nach Beständigkeit und Frieden. Wie mit goldnen Lettern steht vor deine Seele das Ich Bin geschrieben, das dich rettet aus Verstocktheit und Verderben. Mit einem Ruck befreist du dich und gehst du dahin, wo die begehrenswertesten der Geister und die Fahnen auf Erfüllung stehn. Du gewährst dir aufs entschiedenste das Sein der grossen Weite, die in absoluter Stille sich verliert, derweil die Fülle Meiner Gegenwart das Geistsein aller Wesen liebvoll überstrahlt.

2.9

Ein endlos' Meer von Frieden und Glückseligkeit darf Ich in Meiner Innigkeit beschauen. Kein Laut, kein Lüftchen, das darüber weht, im Strahlenlichte, das sich rings verbreitet. Die Zeit verrieselt sich in makelloser Stille, derweil Mein Sein im Ewigen sich erfüllt in einer wonnevollen Zartheit des Geschehns, das wunschlos und gediegen allen Daseins Grazie erlebt.

Nun will es wieder Mir mit Recht erscheinen, dass das Ewige in einem wunderbar getragnen Weben seine Züge moduliert, indem es ihren Sinngehalt verändert und damit das All der Dinge neuen Werten zuführt, währenddem die altgewordenen in leise, leisem Resignieren von der Bühne der Allherrlichkeit verschwinden.

Wunderbare Werke darf Ich im Erblühen Mir besehen, die in wacher Wesenhaftigkeit dem All-geist ihre Huld entgegenbringen. Alles Seins-erhabene, das Ist, erfüllt die Räume mit der Zärtlichkeit des Wohlverstehns und freundlichen Gewährenlassens, derweil sich die Idole der Verklärten seeleninnig in der Wesenswelt ver-breiten. In frei gewählten Liebenswürdigkeiten spüren sich die würdevollen Geister, deren Sein sich im Gedankenreich erfüllt, das ihre Wohnstatt ist und ihres Webens Raum im Grenzenlosen.

In Freundlichkeit und Milde äussert sich, was wie ein Schwingen feiner Melodien sich verstömt und Anmut offenbart in myriadenfachen Variationen.

Feingefühlten Sich-Begegnens neigen sich die Genien einander zu und verschenken ihre Wesen-haftigkeit, indem sie sich ins Sein des anderen verströmen. Wie die reine Morgenröte lächeln sie sich dann von innen an und erleben sich im märchenhaftesten Sichfinden, das da liebevoll und heiter ihr Empfinden ziert.

All dies ist der Erfüllung Ziel, das sich das Sein ersonnen und das in schwebender Natürlichkeit besteht, wo ihm nichts fehlt und wo es sich zutiefst beglückt in unermesslichem Genügen.

2.10

Unbeschwertheit ohnegleichen atmet Meines Seins Gepflogenheit im Reinen. Nimmer wie die Winde muss Ich wehn, wenn Ich so sicher, so gewaltlos stark und so erhaben in Mir ruhe, dass kein Yota Mir genommen werden kann von Meinem Mich-Begründen. Wonne des Gerechtseins trag Ich in den Fibern Meines Gegenwärtigseins und labe Mich am Schicksal, das Ich wachen Sinns mit sagenhafter Leichtigkeit ertrage. Ohne Zweifel Bin Ich Mir der Unbekannte, der bekennt, was ihn bewegt durch seines Seins Äonen und der Gewissheit sät des Existierens in alle Herren Länder und für jeder-mann, der will in solcher Fülle seine Wunderkreise ziehn.

Gar nichts muss Ich entbehren im Kaleidoskop der Dinge, die Mir angehören und ganz Meinem Willen unterstehn. Das Filigran der Hoffnung seh ich vor Mir ins Unendliche gebreitet, in dem Ich traulich Bin und wese. Alles will und muss gedeihen, was Ich mit dem Zauber Meiner genialen Schaffenskraft berühre. Träfen Generierens schreit Ich durch die Zeit dahin und hinterlasse Werke des begeisterten Agierens im beständig noch vermehrten Grenzen-losen. Was Ich wimme, ist erfüllt von sagenhafter Süsse, was Ich voll Zärtlichkeit im Sein umfange, dehnt sich freud- und friedvoll aus in Meiner blühenden Natur.

Unfehlbar sind Meine hochgesetzten Pläne dem Erfüllen hingegeben; ganz an sie verloren, sehe Ich die Wesen Meiner Inbrunst des Gestaltens neuer Seinsgediegenheiten. Sorge trag Ich zu den Meinen in der Art des väterlichen Unterweisens aller Lauschenden im stillen Sich-Besinnen auf das Wesentliche, wie es sich gebührt zu Meiner Ehre für die Myriaden. In höchster Würde tret Ich vor Mich hin und kenne keine Scham vor Ungesetzlichkeiten, die Ich Mir selber angetan. In der Andacht Meiner Züge lauf ich fessellos dahin und befördre das Erblühn der Weisheitsträchtigen, die Ich voll Mutterstolz in Meinem Seien trage.

Trautheit und Gediegenheit des Zueinanderfügens sind Mir eigen, denen die Glückseligkeiten auf dem Fusse folgen, die Ich Bin und die ich redlich und gewissenhaft mit allen teile, die sich als das Sein in Mir erkennen und als Krone der Holdseligkeit im Guten. Wachsam und begütend weiss Ich Mich im Ewigen daheim, in Bewusstheit und bedeutungsvollem Ruhn. Die Dinge Meines Waltens seh Ich sich im Artigen vollziehn, derweil Ich andersartig Bin, soweit die Weiten der Unendlichkeit Mich wunderbar umbreiten.

2.11

Trefflicher von Tag zu Tagen sind die wundersamen Wanderungen, die Ich in das Reich der reinen Seins-gedankengänge unternehme, denn sie sind wie nicht von Mir und dennoch aus dem innersten Gemach der Seele strömend, das Mein eigen ist in Meinem Mich-Verglühn. Es fügt sich Wort zu Wort, wie sich die Wässerchen zu einem Bächlein fügen, das singt und kräuselt sich in Mir, von Edelmut und vom Entzücken an der Gegenwart des Übersinnlichen dahingetragen.

Es wogt und wogt das Meer der brandenden Gedanken seinem Ufer zu und bringt Mir frohe Kunde von den Weiten der Unendlichkeit und seinen Wirklichkeiten.

Reich geschmückte Felder triffst du an im Weitergehn und weidest dich an ihnen, wie immer sich der Geist am Neuen weidet, das sein Augenmerk erregt. Selbstbewusst und friedevoll wirst du in deinem Dich-Verwandeln in die Dinge deiner Wahl und zögerst nicht, das Letzte, Beste, Schönste noch aus dir herauszuholen. Auf gewaltiges Befehlen trägst du deine Früchte auf den Marktplatz des Verkündens und gewährst dir das Vergnügen, unbesorgt zu sein um deine neu erstandne Poesie im Wunderbaren. Frei bist du im Akzeptieren jener Seinsgeschichten, die wie aufs goldene Tablett drapiert das Aug entzücken und den Regeln der

Gefälligkeit getreu sich darzustellen wissen als das Geniale, das gar einfach in sich selber ruht und sich nicht geniert, in schlichter Weise vor die grosse Welt zu treten. Ohne Zweifel nimmst du teil am kosmologischen Geschehn, das dich umflort und das dich wunderbarerweise stärkt, damit das Ganze stark wird aus unendlich vielen Teilen. Es geschieht, dass sich die Richtigen goldrichtig auch zusammenfügen nach dem Willen der gestaltenden Geduld, die allem innewohnt, was Ist und was sich traut, sich in die Höhen fabelhaften Freiseins zu erheben. Die Früchte reichen Schaffens bieten sich der Allgemeinheit an, um Seinsbegeisterung zu zeugen und den Weg zu weisen nach den Himmeln, wo die lieblichsten der Zaubersterne stehn. Was so unbeschwert und friedevoll daherkommt, muss Verstehen und Beglücken wecken in so vielen, die sich nach der Schönheit strecken einer Welt von Anmut und Gediegenheit in ihren Träumen.

Lassen wir nun das Gedankenflüstern ohne unser Zutun weitergehn und freuen wir uns an der Stille eines farbenfrohen Abendleuchtens überm weitgedehnten Ozean.

2.12

Übersicht, Geduld und Tugend sind vonnöten, wo Ich Mich voll Verve im Riesenreich bewege. Bitte mach es ebenso, wenn du dich traust, ein Herrscher über dich zu sein und alles daran setzest, grosse, wirkungsvolle Taten zu vollbringen. Wohl steht's dir an, in Meinem Sinne dich zu rühren, derweil die Pracht der Sterne dir den Weg beleuchtet, den du wandelst und immense Kräfte dir Gevatter stehen im Unendlichen der Zeit, die dich gewähren lässt in deinem Dich-Verbreiten.

Du bist das Wagnis selbst, das in die Tiefe stürzt, um wieder sich emporzuwuchten in noch hoch-gesetzt're Höhen tätigen Volibringens, an dem die lichten Wesen sich ergötzen, die dich rings umstehn. Du ehrst den Geist des Allgewaltigen, den du als letztes Glied vollendest, und behauptest dich in ihm als tragende Behörde, wissende Befruchterin und unnachahmlicher Bemeisterer der Tücken, die den Lebensstrom bedrängen, als der du unerschütterlich dahinziehst, um schlussendlich in ein Meer von wunderbarer Friedefertigkeit des Seins zu münden.

Du bist dir selbst Idol geworden der Unver-gänglichkeit im Guten und lächelst dir Beseligung zu in wissender Vergnügtheit und Getragenheit, die dich beseelt in deinen Wundern. Erwählt bist du, die andern zu erwählen und bedeutest einer Welt von Unrast und Erregtheit aberviel. Es fliessen deine liebevollen Strahlen wie Honigtau in ihre Tage und begründen eine neue Seinskultur der Einsicht in die höchsten Dinge, wie des Seinsvertrauens, das noch immer die Bedingung schuf der Ausge-wogenheit von Sinnkraft, Güte und Gerechtigkeit im Leben. Weide dich an dem, was Ich dir traulich vor die Füsse lege und trau dich nicht, es achtlos zu zertreten, doch schaff aus ihm das Prächtigste, was dir und Mir im Ewigen zum Ruhm gereicht. Erwirke dir das Recht, auf hoher Warte die Gepflogenheiten einer heil gewordnen Welt in Heiterkeit und Würde zu betrachten und sie zu fördern mehr und mehr in ihren Seinsbezügen. Es ist die deine inmitten eines Alls von majestätischer Gediegen-heit und Treue zu sich selbst, die in den Ätherräumen sich verbreitet und in den Punkt der Weisheit sich zusammenzieht, den sich das Eine ausbedungen in der wunderbaren Seinsphilosophie, die herrscht an jeder Stelle des Erscheinens eines Wesens von unendlich fein-gefügter Grazie des Auferstehns.

Es mögen Engel sein und Menschen, Cherubinen, Throne und Garanten der Verwirklichung in allerhöchsten Sphären: Immer sind sie unver-brüchlich noch das Eine, das im Weltenkosmos, wie im Weiselosen, Ist und sich behauptet in der Sagenhaftigkeit der Galaxien, wie im innigsten Geheimnis seiner sich verströmenden Natur, die niemals fasslich ist und dennoch allem innewohnt, was in den Niederungen seine Kreise zieht und seine Sehnsucht auslebt nach dem Absoluten, ohne noch zu wissen, dass es schon ihn Ihm sich unfehlbar bewegt.

So verkündet sich das Sein im lichten Blauen mit derselben Selbstverständlichkeit, mit der sich flinke Möwen übers Firmament bewegen, das Ich Bin als Meer von Licht und welches alles übertrifft, was jemals lichtvoll und beseligend gewesen. Das Ahnen Meiner selbst beglückt zutiefst und lässt die Quellen reinster Freude sprudeln im Behältnis Meiner Ruh. Kaum zu atmen wag Ich vor Begeisterung an einer Stille des Gemüts, die nichts entfacht als Wonne und Befrieden. Leben, Sein, darf Ich als Seliger Mich nennen und Befruchter aller Weltentaten mit dem Seim der Hoffnung auf Erfüllung ihres Wehns.

Hochgemut und heiter ist Mein Sosein in unendlicher Gelassenheit und Würde, weil Ich als Erbarmer über allem steh und nur noch Liebe Bin für jene, die sie schauen mögen.

2.13

Man stoppte den Verkehr, weil etwas schief gegangen war und man die Sache wieder richtig stellen wollte. So wird gestoppt, was du verfehlst, beizeiten in den rechten Weg zu leiten, merk dir das. Es braucht Elan und guten Willen, um zur angemessnen Zeit das zu erfüllen, was du sollst. Das ist ein ernstes Wort und trifft den hart, der Meinen Willen nicht erfüllt nach Soll und Haben. Willst du fromm sein, sei's sogleich und warte nicht, bis es dir endlich passt, einwenig so zu tun, als ob du Mich verehrtest. Der ist zu bewundern, der sich von nichts beirren lässt in dem, was er für sich als Recht erkannt hat und es tut, um alles an der Welt zu fördern, was des

Förderns noch bedarf nach Meinem Plan und Meiner Unbedingtheit in der Lehre des Vollbringens.

Du bist schon weise, wenn du Mich erwählst zum Zeugen dessen, was du unternimmst. Es spielt sich ohnehin selbst das Geringste ab vor Meiner Kenntnis des Geschehns. Sowie du Mich in dir erkennst, wirst du es wissen.

Das Klägliche versagt, der Mut gewinnt Lorbeeren für das Haupt der starken Resonanz und der Gewissenhaftigkeit im Sputen. Gewähre dir den Aufschub nicht, den andre sich gewähren, denn die Lage ruft nach dem Spontan-und-pünktlich-Sein im Handeln und Sich-in-der-Zeit-Bewähren.

Komm nun ganz nah zu Mir mit deiner unbescholtnen Leere und lass es dir gelegen sein, von Mir erfüllt zu werden mit Gedanken des holdseligen Dich-Vereinens mit dem Höchsten, das da Ist und west und wirkt und über einem All sich leis versinnt von wunderwirkenden Genien und gravitätischer Gelassenheit am Werk der tänzeri-schen Blüte und des luftigen Vollbringens.

Ich Bin die Eile, die an jedes Ding gelegt ist, das im Wachsen sich bewähren soll, als von Mir inszeniert und ausgetragen. Wärme und Gewogenheit schiess Ich ins sausende Getriebe und gewähre ihm der Sanftmut Ton im Rauschen der gesetzten Seinslebendigkeiten. Du bist wahr, wenn du in Meiner Wahrheit dich bewegst und Meinen Zügen Achtung zollst, hinauf, hinunter, weit und breit im allerbesten Sinne des Gestaltens und Erhaltens der Geselligkeit der grossen Geister wie der winzigen Sprösslinge, die Ich hervorgebracht und deren Taten Ich so sehnlich für Mich brauche.

Sachte Bin Ich nur geduldiger Sanftmut gegenüber, die mit Feinheit vorgeht und das Ziselierte dem Pompösen vorzieht in Behutsamkeit und Wendigkeit des Zielens. Bist du, so Bist du der Zum-Sein-Geborene in jeder Lage und in jeder Phase deines Hierseins. Augenblicklich öffnet sich dem frei gewordenen Bewusstsein Mein Revier, das seinem Handeln Unbedingtheit und dem

Ausgang Seinsbewundern bringt von Seiten der Erhabenen und Himmlischen in der Geschwisterschaft, die Ich begründet habe. Sei rein um Meiner Reinheit willen, die dich zur Erfüllung führt und zur Beweglichkeit in einem. Werde, der du Bist, und sei dir selber Vorbild und Genügen, Wonne ewigen Wesens und so zärtlich wie die Lieblichkeit der Sterne, deren Lichtheit sich im All berührt und kost, verschwistert und begrüsst, wie sich die Zärtlichen im Liebes-traum begrüssen.

2.14

Ohn' Unterlassen brechen sich die Wogen an des Weltenmeers Gestade. In urewigem Pochen drängt sich Meines Lebens Wucht ans Ufer der erstarrten Wirklichkeit, wo es sich aufwirft und verebbt in langgedehnten Zügen. Meine Wogen suchen sich allüberall Unendlichkeit, von wo sie hergekommen. Feuerkraft bewohnt ihr Sein und feurig ist ihr Sich-ins-Sein-Bewegen.

Meine Weise ist es, der beständigen Beweglichkeit zu frönen. Alles brodelt, bricht sich, brennt und rennt unendlich hohem Ziel entgegen. Ohne Rast und Ruh ist, was Ich aus Mir sende, derweil Ich wunderbare Ebenmässigkeit bewahre in der Glorie des In-Mir-Weilens, gelöst und heiter ohnegleichen und in Weiten ausgedehnt von unnachahmlicher Grandezza, in der Klarheit wahren Lichts, das keines Schattens Blässe kennt durch strahlende Äonen.

Im Grandiosen wes' Ich seinsbeflissen, makellos dem Schönheit-Finden hingegeben, wo der Rosen-hauch im Morgendämmer ist ein Gleichnis Meiner Güte und ein Zeichen Meines Seins im All der Welten, wie im Hiersein ebenso. Du Bist der Ausbund Meiner Seinsgeschicklichkeit im Wirken unnachahmlicher Verbindlichkeiten. Gekrönten Hauptes traust du dich das Leben tragen und erfährst dich selbst in Meiner Akribie des Schaffens neuer Werte und Gepflogenheiten.

Ich woge hin und wider zwischen weltbedingtem Suchen und Glückseligsein in hochbewusster Schöne des Bewusstseins Meiner Selbst im Wunder wahren Seins, in dem Ich Mich erfahr.

Am Unerhörten weid Ich Mich wie an der Wonne des Gelöstseins in der Unermesslichkeit der Göttersphären. Licht und Liebe sind die höchsten Zeichen Meines strahlenden Bestehns, in dem Ich Meine Gegenwart erlausche, Eines in Mir selbst Bin Ich in der Potenz des Umraums, den Ich Mir verschrieben habe. Liebevollen Sorgens waltet Mein Befinden in der Trautheit reiner Güte und bewahrt Gelassenheit im Überschauen wie im Heitersein in makelloser Stille des Bestehns.

2.15

Ich habe Mich entschlossen auszusagen, wie die Dinge gegenwärtig in Mir liegen als ein Hochgebet von namenloser Süsse und ein Loblied der Begeisterung am Sein, das wie ein Aufwall heitrer Möwen munter seine Daseinskreise zieht.

Wie die Venus aus dem Schaum des Meers geboren, steht die neuerstandne Sonne Meinem Sinn bevor, derweil Ich einen grandios ins Weite hingezognen Horizont bestaune. Vom Osten bis zum Westen freien Blicks das Meer zu überstreichen, dessen Himmel noch in Morgendämmerfarbenträumen liegt, ein unendlich weitgedehntes Band, vom klaren Gelbrot mählich ins dezente Dunkelblau gezogen, wo darüberhin die Berg-kulisse, ruhig, massig steht, das unwahrscheinlich Schöne zu vollenden: Welch ein Schauspiel, welch beglückendes Erfahren hochwahrhaftigen Lebens.

Die Sonnenfeuerglut im Osten leitet alles Träumende der Tageswirklichkeit entgegen und erweckt die Welt zu tausend Märchenhaftigkeiten. Dies ist ein Besitz der Seele nun für Ewigkeiten, ihr zur Labsal und zum Schatz, den sie behütet, wie man überwältigende Reize hütet in des Lebens Allegrie.

Ungezählte Künste der Natur, sich darzustellen, sprüht sie täglich in die Wirklichkeit der Sphären, die Bewunderung anzufachen und das Schwärmen von der Trefflichkeit, die sie sich Ist, in Mir. Still geht vonstatten, was an Grösse nichts zu wünschen übrig lässt in Meinen Werdegründen. Es erfährt sich selbst in lauschender Genügsamkeit und sanfter Friedefertigkeit im Glück des Sich-Verstrahlens.

So kenn Ich Mich seit Urzeit als das sich verschenkende Gefäss von Kraft und Lieblichkeit, von Anmut und beseligender Harmonie.

2.16

Welches Vorrecht, ein begehrenswertes Ich zu sein, das sich aus Wesenlosigkeit und Chaos der Substanzen unfehlbar erhebt zu einem wohl-geordneten System, das Seinesgleichen sucht im Weltenäther. Ich Bin darf es begeistert zu sich selber sagen und darf ein übers andre Mal recht wirkungsvoll zum Ausdruck bringen, wie gefällig ihm die Welt erscheint, sowie es sich erkannt hat als das Es, das so geheimnisvoll durch alles funkelt, glitzert und laviert, was Ist im Weltenbunde.

Ich kann Mich jauchzend vorwärtsdrängen, wenn schon viele schnauflos stillestehn. Ich bade Mich im Lichte des Mich-selbst-Bewährens, wo so viel Dunkelmänner grübelnd ihre desolaten Kreise ziehn. Was aufwärts wallt, ist Mir gewiss in Meinem Mich-Umrunden in der Grazie der Zeit, die Mir gegeben. Was flügge macht, erkenn Ich schon in jedem Ansatz, den Ich bilde und beglückt zum unerreichten und geeichten Seinserfolgnis stilisiere.

Mein Erwarten ist das Warten auf die Fülle der Glückseligkeit für alle Zeit, das Mich im Jetzt beseelt und jedem hochgeborenen Momente, der ihm folgt in Meinen

Wundersphären. Bis das hohe Ziel erreicht ist, kann ich allem ohne Mühe folgen, was Ich will und was zu leisten eine Grosstat ist erstaunlichen Gelingens. Ich schöpfe und die vollen Eimer giess ich emsig vor Mich hin, die Lebens-mühlen anzutreiben, dass sie festlich, voller Wimpel, die im Winde flattern, ihren Dienst versehn am Ganzen, dessen Atem Würde ist und Wohlgeschehn.

Kann es bessres geben, als Mein so dezentes Spiel, das sich im Weidmannsheil und in begehrenswerter Taten-fröhlichkeit und Feinheit äussert, als von Mir gegeben und Bewährtem zugefügt allhier. Ich rechte nicht um Meinen Glanz, in dem das Rechtende verblasst und all so bald zum Schatten wird im Fahlen. Beständigkeit und Liebens-würdigkeit sind Meine Stärke, die noch jede Unbill meisterhaft zur Umkehr und zur Makellosigkeit beschwören. Was Ich Mir leiste, trägt den Stempel der Durchtriebenheit, wie den der offenbaren Reinheit der Gedanken. Stern des wachen Blinkens Bin Ich am erwählten Firmament der Tugend und der ruhigen Gewissheit des Gelingens, die Mir untertan. Meister-schaft im Bilden und Gewissenhaftigkeit im Seinsvollenden können niemals Mir verlorengehn in Meiner Zielfahrt mit der Staatskarosse, die Mir unentgeltlich zur Verfügung steht. Würdevoll will Ich Mich für das Unerhörte, das Mir zufällt, auch bedanken aus des Herzens Wohlgefühl, wie aus der Demut, die Ich in Mir spüre, Reich in Mir und arm im menschlichen Gefüge, reiche Ich Mir selbst die Hand zum Bunde der Allherrlichkeit, den Ich Mir biete über jeder Drangsal des Erwachsenwerdens an Mir selbst und des Erfahrens der Gerechtigkeit, die allem innewohnt im richtigen Bewerten der Besonderheiten Meiner Wahl.

Siehst du dich vernetzt, fügt alles sich zusammen zu der wundervollen Harmonie des Einen, der an allen Fäden zieht, die sich zum grandiosen All gestalten und Winzigkeiten vollbewusst zum Kosmos fügen, dessen Wohlgestalt auf Überlegung und Geduld gebaut ist in der

Melodie des Ewigen, die nie verhalft und deren Echo uns aus Weltentiefen unentwegt entgegenflutet.

Ich strebe allem zu, was Mein ist seit Urzeiten und bewähre Mich im Guten, von der Zärtlichkeit des Seins durchdrungen, wie vom nimmermüden Wohlgefühl am Tröstlichen, das Mich durchzieht, wenn Ich Mich so bedenke.

2.17

Die Beziehung will Ich offenlegen, zwischen dir und Mir in Welt und Überwelt im Reich der Gnaden. Im Grunde gehts nicht an, dass Ich Mich trenne in das Offensichtliche und das Geheime, das in allem west, was Ist und was Ich Bin. Denn kenn Ich Mich, so weiss Ich, dass genau in dem, was die Geschwisterschaft der Menschen wirklich nennt, ein Trugschluss liegt, dem unerhörte Konsequenzen folgen.

In der Maya, die es lebt, zieht das gewöhnliche Bewusstsein Grenzen zwischen Ich und Du und zwischen Erde, Menschenvölkern, Tieren, Pflanzen, die für es gesondert existieren und so nimmt es sich die Freiheit, in der Rebellion des Lebens wild um sich zu schlagen, um die Über-legenheit zu finden, die ihm scheints gebührt.

Welche Torheit in den Augen des All-Einen, das Ich Bin und das in allem Seienden das Brüderlich- und Schwesterlich-Verwandte sieht in allerhöchsten Graden.

Wie könnt Ich töten, was Mir angehört und wie den Arm der Macht nur irgendwie erheben, wenn Ich in der Tiefe weiss, was sich geziemt, Mir selber gegenüber.

Das Erfahren einer Zweiheit ist dem Menschen-werden eine Last und ein Idol zugleich, indem es nach der Einheit streben kann und muss in seinem Sich-Vertun. Gerade, weil die Zweiheit nicht befriedigt, muss sie nach dem Einssein suchen in der Vielheit der Beziehungen, die sie sich schuf und die sie muss erleben.

Einheit gibt es nur ein Mal, und die Bin Ich im Wunderbaren. Ich gehöre Mir in ewiger Gelöstheit und Entschiedenheit, Wahrhaftigkeit und Güte, Gerechtigkeit und Liebe zu Mir selbst und Meines-gleichen. Einmal nach der Selbstverblendung wird es heller Tag des Seinserkennens für die Vielen, die da sind in Mir, und es umfangen sich die Geister in der schönen Schau des Ewig-miteinander-Gehns durch Paradiese von Verständigkeit im Wohllaut wunderbaren Sich-Begreifens.

Durch alle Lande weht der Hauch der Heiterkeit, der den Erlösten innewohnt in ihrem Sich-Verströmen. Hosianna dürfen sie gleich allen Engeln singen in der Andacht vor sich selber und vor ihrer wundersamen Schöne.

So find Ich Mich im Hochgewinn der Sphären; denn Erkennen liegt im Geistigen, das alles Sein durchzieht und dem allein die Wirklichkeit gegeben. Weiden darf Ich Mich am unaussprechlich Lieblichen, mit dem Ich Mich umsorge. Es ist die Zärtlichkeit an sich, die Ich für alles hege, was geworden ist aus Mir. Es dampft ein Pferd: In Mir ist es geschehn. Es wärmen sich zwei Liebende am Feuer der Begeisterung, die sie sich schufen: Ich Bins in ihnen. Auch in dir Bin Ich in Meinem innersten Gemach der Wonne an Mir selbst und des Gewahrens Meiner Herrlichkeit allüberall, wo Ich Mich finde.

Nun zieh Ich Mich zurück ins ewige Blauen, um die Holdseligkeit des Stilleseins tiefinnig zu geniessen.

2.18

Was immer Ist, erweist sich als das Ideal der Brauchbarkeit fürs Leben, denn es weiss damit mit allem fürstlich und erfolgreich umzugehn. Im Zustand des Ich Bin erstattest du dir wieder, was du einstens von dir nahmst. Dann bietest du dir selbst die Hand zum grossen Bunde, der die Einheit allen Seins voll Würde offenbart und Leben Leben sein lässt überall im kosmischen Erscheinen.

So rat ich dir, erhalte dich in Mir, sonst wirst du untergehn in mickerigen Einzelheiten, die dich gefährlich in die Tiefe ziehn. Wahren Aufschwung gibt es nur in dem, was Ich dir Bin und was du darin wagen kannst in vollen, reichgeschmückten Zügen. Ich trage dir die wahre Ordnung an, des Seins im Wunderbaren, und veredle dich, wie man den Strauch veredelt mit dem aufgepfropften Reis im Rosengarten. Ich Bin dir aller Güte Saft und Seim im Strom der Kräfte, die dich wunderbar beleben und dir Seinsgefälligkeit verleihen.

So zieh denn ungesäumt das Grosse an, das dir gebührt in deinen Runden und verlass dich auf den Friedenstrank, den Ich dir biete. Erkennst du, dass Ich in dir Bin als Meine Eigenart in dir, lass Ich sogleich die allerbesten Kräfte in dir spielen. Sie fassen sich ins Wort, das Ich vergebe, sie giessen sich ins lauschende Gewissen und verbreiten Edelmut und Wonne am Gerechtsein.

In Mir selber gibt es weder Furcht noch Zagen, weil Ich Mir die Fülle Bin in allem, was besteht und was Mein Sehnen sich nur wünschen kann im überwältigenden Seinsverstrahlen. Sorglos wie das Kindlein in des Schlafes Händen, wese Ich im Ewigen, das Ich Mir Bin und schaue weder hinter Mich noch in die Runde, um Mir selber Halt zu bieten.

Ein übers andre Mal brech Ich in Freudenrufe aus ob all der Leichte, die Mich hier beseelt und in der strahlenden Bewusstheit endet, der Ich zugetan. Das Selige an sich Bin Ich geworden, das in der Seinsvernüftigkeit das Ziel erreicht hat, das so viele ewig suchen. Heiterkeit des Weise-losen Bin Ich Mir voll Zartheit des Erlebens und gewähre Mir die Gunst und meisterliche Kunst des Mich-im-SeinVerklärens.

2.19

Verbreite dich in Meinem Namen. Alles, was du von Mir hütest, sollst du tausendfach an andere verschenken, denn es geht nicht an, dass du für dich behältst, was ihnen zugehört von Mir. In Meinem Reiche reicht sich alles brüderlich die Hand und vergibt die eignen Werte, um das Ganze köstlicher und majestätischer zu hinter-lassen. Gerade du sollst dich mit Klugheit, Offenherzigkeit und Liebenswürdigkeit zu jedem wenden, den Ich dir gewiss zur Seite sende, dass du ihm ein Körnchen Meiner Wahrheit übergibst, um ihn in seinem Sein zu stärken, sowie im Allbewussten, das die Menschenwelt geheimnisvoll durchflutet.

Was du zuallermeist gesucht, sollst du in Meinen Labyrinthen finden, was dir schlussendlich lieb und teuer ist, soll in dir auferstehn, von Mir gegeben und erwählt, gezüchtet und vollendet im gewissenhaften Streben nach dem allgemeinen Wohl.

Nun soll sichs fügen, dass du immer weiter dich vertiefst von einem Orte des Begegnens bis zum nächsten, der die Würde offenlegt, in der Ich Mich bewege. Glanz vom Glanze Bin Ich, hocherhaben über jede Deutung Meines Gegenwärtigseins in Myriaden Sternenwelten. Folge Mir ins Reich der Freuden und Begünstigungen, das Ich frank und frei regiere, dich in Mein Sosein lückenlos zu integrieren.

Wisse dich vor allem andern wohl zu fühlen in der Seelenpoesie, die sich beglückend durch die Räume rings verbreitet, die dir eigen sind von Mir. Ständig labe Ich die Geister mit Gefälligkeit am Leben und mit Einsicht in die Dinge der Allherrlichkeit, die allen Wesen liebreich angehören.

In dein Schweigen will Ich den Gesang der Wonne und der Seligkeit verwehn. Sowie du lauschend in dir weilst, verbreitet sich der Duft der Himmels-traulichkeit in deinen Gründen. Es mehren sich die Zeichen Meiner

Gunst in dir und deinesgleichen, die sich friedevoll und wahrheitstrunken um dich scharen.

Suche, was dir frommt, in Meinem Namen übers Feld zu führen, als der gute Hirte, dem noch jedes seiner Lämmchen unbemerkt ans Herz gewachsen ist auf seiner Wanderschaft durch karge Lande und Gelegenheiten, sich an dem Wenigen zu nähren, das sich den Hungermäulern bietet. Nicht die Menge zählt, doch jedes gute Wort, das fruchtbar fällt auf reinen Boden, den Ich in der Absicht zubereitet habe, reiche Frucht daraus zu ziehn.

Bescheiden will Ich Mich mit dem Bescheid, den Ich dir eben reiche. So geleite Ich dich wunderbarer-weise ins Gestilltsein in dir selbst in wonnevollen Gottesgründen.

2.20

Du wanderst, wanderst mit unendlicher Wanderlust geschlagen durch Äonen der Begeisterung am Leben, öffnest einen Raum ins Weltendasein und verlässt ihn wieder, um in einem anderen dich weiter durch das Ewige zu bewegen. Gräber, Särge, schwarze Kreuze und ähnliche Verbindlich-keiten sind die ärgste Illusion, die du dir denken kannst, wenn du dein Sein betrachtest in der Folgerichtigkeit der Sphären. Weiter, weiter geht die Reise des Bewusstseins ins Unendliche, dem du gehörst, ob dich nun Haut und Haare kleiden, oder nur die Geistigkeit dich ziert.

Lerne schätzen, was du Bist und freue dich an jedem Schritt, den du im Sein errungen, denn es gibt nur diesen einen Weg: Die Wanderschaft in grössere Bewusstheit von dir selbst in unaufhörlichem Nach-Wahrheit-Streben, wie im Dich-als-Meine-Eigenart-Erkennen in allen Variationen des Erscheinens. Lass dir Zeit, doch meide jedes Bummeln, Tummeln und Mit-Tand-beschäftigt-Sein, das dich nicht wahrhaft vorwärts bringt in deinem Rastlos-dich-Bewegen. Erachte dich als auserlesner Glückspilz, dem Unendliches zur Verfügung steht, sein eigen Reich zu bilden und darin im Sein sich zu bewähren durch Äonenläufte unentwegt dahin. Mein Schicksal ist's, das Schicksal aller in Mir mitzutragen, Menschen, Übermenschen oder Göttern anzuhangen in Meiner unergründlich weitgedehnten Kür. Allwirkend und allweise Bin Ich Mir das Ungeteilte und ins Kosmische gesetzte Agens aller Seinserrungen-schaften, die Mir eigen. Allem, was da Ist, leg Ich Mein Sein zugrunde, unerhört gediegen und geläutert, wachende Glück-seligkeit an sich, aus der das Glück der Welten sich erbildet und der Widerspruch der Eigenständigkeit sich aufhebt in den reifgewordnen Seelen.

In allem Mich zu finden ist Mein höchstes Ziel. Und Bin Ich in dir Meiner selbst bewusst geworden, hast du's nicht mehr nötig, dir Wünsche wie auf Zetteln anzukleben, dass sie jeder sieht in deinen Augen, deinem Mündchen und den Gesten, die du wild und mild vollführst. Reinen Wissens, Wachens und Mir-selbst-Gehörens Bin Ich zeitlos, raumlos das Erhabene, dem nichts gehört - und alles - ohne jedes Zweifeln an der Wirklichkeit, die Es begründet. Das Alles-Überragende wird man Mich nennen, mit tausend Namen Mich belegen ohne noch das Richtige zu treffen, weil Ich ohne jeden Anspruch auf ein Wesen das Gewissen Bin, in das sich alle Dinge schmiegen.

Vater, Mutter, Liebe, Licht und Wunderbarer aller Sphären untersteh Ich Mich zu sein, um nur Verständnis zu erwecken in den staunenden Gemütern Meiner wesenhaft gewordnen Schar. Sie ist Mein Mich Erheben ins Unendliche im Wunderbaren und erlabt sich an der Einsicht in die Fülle alle Kräfte, die in Mir bestehn.

Seinserquickung will Ich nennen, was in Zärtlichkeit und Wonne Mich durchwebt und das Gestilltsein kostet in unendlich traulichem Mir-selbst-Genügen.

2.21

Wohldosiert wird Farbe aufgetragen, wo die Werke reiner Kunst entstehn. Du raffst Gedanken, nicht von hier, zusammen, meidest Klippen und Gefahren, die das Werk gefährden und erfüllst mit wachsender Begeisterung das Soll am Wohl der Welt mit deinen Meistergaben.

Gerades wird von dir gemieden, weil es dem Erstarrten angehört. Das Geschweifte, elegant Geschwungene bezaubert in der Unnachahmlichkeit, die ihm gegeben. Ein rechtes Haus wird nicht bewertet nach der Anzahl seiner Türen, sondern nach der Eleganz der Stuckaturen, die die Räume zieren und den Hauch des wunderbar Gefälligen verbreiten.

Überall im Leben ist der Ort, wo Meine Sinrikraft sich zum Durchbruch bringen will im Ebenmass von farbenprächtigen Girlanden, wie im exquisiten Schmuck, den sich die Eingebornen umgehangen. In allem Echten lass Ich Meine Pappenheimer grüssen, die nur Festgefahrenes und Starrgewordnes gelten lassen wollen. Unnachahmliche Beweglichkeit ist Meine Stärke; Geduld und Phantasie sind Meines Wappens Attribute, die ihm prächtig anstehn in den Seinsverkündigungen, die Ich regelmässig abzuhalten pflege.

Nie geschaute Formen schauen sich hier an, und ohne dass sich auch nur eine wiederholen würde in der glanzvoll hingelegten Reihe von bewussten Spiegelungen Meiner Signatur des Andersartigen, die so sehr entzückt und heiter macht im dezenten Aneinanderfügen. Ein Dali war nicht zimperlich in seiner Auswahl von absurden Themen, die er in das Gegenständliche hinunterströmen liess in Wachsamkeit und mit der grandios gefälligen Gebärde eines Meisters im Kreieren. Was glaubst du, wem er seinen Ruhm verdankt? Jede Bezauberung fliesst von Meiner Seite des Geschehns ins Wirkliche der Welt hinüber, sie verbindend mit des wahren Lichtes Strahl.

Wenn du wirklich willst, kannst du hinüberkommen und dich baden in dem Sein von unwahrscheinlich köstlichen Attitüden, deren Herr Ich Bin im Universenbilden. Alles Zünftige ist seinsgediegen und vollführt die Tänze des gelingenden Elans vor allen Augen, die da sehn und sichtbar ihre Wonne finden an der unerreichten Ziseliertheit Meiner Taten.

Wer im Golde schwimmt, muss nicht von weither seine Schätze mühevoll zusammenklauben; er kann den Reichtum, der ihm innewohnt, galant und nonchalant um sich verteilen. Bedachtsam Bin Ich im Gewähren Meiner Huld an die, die sie verdienen, denn es kann Mir nichts genommen werden, was Ich nicht in Freimut und Gewissenhaftigkeit vergebe. Lichtvoll ist Mein Reich und nur das Makellose wird von ihm begünstigt und erhält den Zuspruch in der grossen Auktion, die täglich ihre Kenner findet und Erfüller eines Solls von trefflichem Geschmack im Andre-Überbieten.

Wehe dir, wenn du versagst in dem, was Ich von allen fordere an Transparenz im Aufblühn der Gedankenbilder unvermittelt vor den absolvierten Taten. Redlichkeit soll herrschen, wo es darum geht, die himmlische Gelöstheit darzustellen und die Anmut in Person. Genau das Rechte stellt sich aus der Fülle Meiner Gegenwärtigkeiten in das Rampenlicht der Generationen, um ihnen wahre Grazie des Ausdrucks vorzuführen.

Sein ist immer auch Versiertsein im Gewähren tief ergreifender Verbindlichkeiten, die spontan zu Herzen gehn und das Liebevolle Meines Innern offenlegen. Entschleiert ist Mein Glanz vor denen, die in Demut Meinen Einfluss sich erbeten haben, um dem Leben eine weitere Köstlichkeit hinzuzufügen.

Das tut's für diese Zeit. Ich wende Mich Mir zu im Heiligtum der Sphären und erwecke Mir den Charme beseligenden Ruhns.

2.22

Gedankentaten will Ich von dir sehn, die vehement aufs Ganze zielen Meiner Souveränität im Bleiben. Dein Sein sollst du beschreiben, wie es weiland webt und lebt in Mir und Meiner spielerischen Weise, alles was da Ist zu hinterfragen nach Beständigkeit, Wahrhaftigkeit und Tugend.

Wahre Werte kommen allesamt von Mir. Wo immer Wind ist, habe Ich den Blasebalg dazu getreten, dass sich jede Zelle daran freut und aufgemuntert ist, sich in Mir froh und frei zu fühlen als Verfechter Meiner Siegestaten.

Sage nur „Ich Bin" zu deines Wesens Eigen-ständigkeit und Gluten und sogleich gleitet dein Bewusstsein mit dem Meinen in die allerreinste Harmonie, die man sich denken kann im All, das Ich begründe und verkünde als der Herold Meiner selbst im unermesslichen Gefüge.

Warte nur auf Meinen Zuspruch, dann Bist du wie einer, der geschaut hat, wie die Dinge wirklich liegen. Aus der Sicherheit des Urgrunds hebt sich dein Dich-selbst-Bewähren wie ein Mammutbaum empor in Mein allbewährtes Seinsgebaren. Es klären sich die Züge deiner Wesensform nach Meinem Sinn und passen sich Mir an in wunderbarer Dichte des Vergleichens.

Ich warte darauf, dass du dich als Mich erkennst und nicht ein Jota eines Unterscheidens mehr lässt gelten zwischen dir und Mir im Eins-und-Einigsein der Welten. Ich sprühe, sagst du, Mir wie aus dem Mund gesprochen. Du überlegst dir, was du Bist und schon hab Ich Mich selbst bedacht in allem, was da Ist und was in Meinen Gründen sich bewegt und mausert und Erfolg erzielt wie Niederlagen, Meister-schaft gewinnt und dennoch auf der Strecke bleibt zuweilen.

Der grosse Wurf gelingt nur dem, der sich Mein Diadem der Seinsbeständigkeit errungen. Aus allen ragt empor, wer Meiner Minne sich ergeben hat und darf Vertrautheit mit dem Höchsten pflegen. Von Weisheit ist sein Blut durchströmt und Liebenswürdigkeit des Sich-Verteilens. Durch Generationen seines Selbst-Erscheinens tritt er vor Mich hin und weiss in Meiner Huld sich selbst zu huldigen als Träger der Gerechtigkeit und Würde, die dem Sein gebührt in jedem Unterfangen, das Es inszeniert.

Ich bleibe, sagst du und vertrittst äonenlanges Dich-in-Szene-Setzen in der steten Wiederkehr in dem, was die Gelehrten Leben nennen und die Wissenden: Auf Zeit erscheinen derselben Individualität, die ungebrochen durch die Weltenzeiten sich bewegt.

Niemand klebe hier am Sessel des beständigen Erhaltens, denn es ziemt sich nicht, ins Unnatür-liche zu verlängern, was sich wandeln soll im Auf-blühn immer neuer Seinsgebärden und Errungenschaften.

Dem Ebenmass verpflichtet, weihe Ich Mir Flügel und entschwinde ins Unendliche der Sphären, wo Ich Bin wie jede Sonne im verschwenderischen Sich-Verstrahlen, Meines Eigenseins geselliger Gespan.

2.23

Heiterkeit in sagenhafter Zartheit des Empfindens Bin Ich, wenn Ich Mir die Worte wähle, auszusagen, was Mich so bewegt, und Ruhm der Tugend ist es, was Ich meine in des Seinsgeflüsters unermesslich heilem Rauschen. In allem Lieblichen erwarme Ich an Mir und steige auf in Venusschöne aus der Unergründlichkeit, die Meines Wesens Halt ist und Gewissheit, ohne jedes Zweifeln. Meiner eignen Labsal Heft in beiden Händen Bin Ich Mir im Bilde, das Ich von Mir male. Trautheit in Person und Seelenseligkeit im Grünen beugen sich Mir liebe-leicht entgegen in beglückender Manier.

An die Weiselosigkeit vergeben hüte Ich, was Ich Mir Bin, wie Perlenglanz in wohlverschlossnen Schalen. Absichtslos und weise währe Ich im Ersten, das da Ist glückseliges InMir-Verweilen in urewiger Harmonie.

Hältst du ein, was du versprochen hast, kann dir im Bilden deines Seinsgefühls geholfen werden. Eine Ahnung füllt dein Sehnen, dass du nur dich selber Bist, wenn du bewusst die Pflichten, die sich dir ergeben, treuevoll erfüllst, damit das Ganze rund läuft Meiner Pläne des Gestaltens und Verwaltens durch Äonenläufte hin.

Hast du deinen Willen vollends Meinem angeglichen, wirst du wahre Freiheit dir errungen haben, denn die kleinen, personalen Wünsche können dich nicht mehr vom hochgesteckten Wege zerren, den du gehst.

Es ergibt sich dir auf diese Weise des gestaltenden Elans ein freudiges Genügen an dir selbst, das dich in adlerfreien Lüften deine Lebenskreise ziehen lässt, im Blauen der Begeisterung am Sein wie im Verkünden einer Strategie des Dienens und Ver-schenkens, welche Liebe und Erwiderung gebären in Tagen wunderbaren Wohlgefühls am Leben.

Bin Ich so in dir, so darf Ich Mich vollendet nennen und getragen von der allgemeinen Güte, der Ich Wirklichkeit verleih im Menschenbilde, das vor Mir ersteht. Alleinung und Allseligkeit gewähr Ich Mir im innigen Betrachten Meiner Qualitäten und Ge-pflogenheiten und ein Lächeln über alles, was noch wie ein stolzer Gockel neben Mir dahinspaziert.

Ich grüsse Mich im Reinen Meiner unbedingten Treue zu Mir selbst und erlebe Meine Himmelfahrt ins Sein der Freude wie ins Gewahren wunderbarer Heiterkeit, die Mein Gemüt erfüllt in Meistersphären.

Königtum der Sphären

3.1

Nur im absoluten Freisein kannst du wirklich dich bewähren. Noch in Zwängen gehst du wie im Eselstrott dahin und kannst dich nicht für dies und das entscheiden. Freiheit muss von innen her errungen werden in gezieltem Schreiten einer Überzeugung zu, dass richtig ist, was du vollbringst in Meinem Selbstgenügen.

Ein ehrbar Werk wird immer dann getan, wenn es bewusst in Mir und Meinem Reichtum sich vollzieht, in reiner Absicht, Mir zu dienen und geflissentlich auf Meinem Pfad zu wandeln. Hältst du ein, was du versprochen hast, will Ich dich fragen?

Seinsgeschlossen tret Ich für dich ein, sowie du Mich erwählst zu deinem Kämpen und Bekenner deiner Angelegenheiten. Deine Krone Bin Ich im für dich erklärten Königtum der Sphären. Warst du eben noch in Knechtschaft und Bedenklichkeit gefangen, Bist du nun vor aller Augen gross in deinem Fechten, Rechten und Gebieten über seinserhabne Ländereien ohne Zahl.

Es ergeben sich dir fabelhafte Resultate deiner Bändigung des Niederen, das dich befiel. Nur in Meinen Kräften bist du fähig, dem Gesetz der Reinheit treu zu bleiben und die Lebensdinge in den rechten Wind zu drehn.

Von Mir verfasst sind alle deine Proklamationen und von Mir gesegnet ist ein jedes Wort, das du mit lauterer Gebärde in den Äther sendest, Weltbewegen zu bewirken. Ich erkläre dich zu Meinem Spross im generationenlangen Züchten, das Ich Mir an dir gewähr. Meines Herzbluts Pochen tränkt, was du dir Bist und schenkt dir unfehlbar die Gnade des Erfüllens deiner besten Wünsche auf der langen Liste, die du so vertrauensvoll vor dir heruntermurmelst. Besseres kann nicht geschehn, als dass Ich dich in Meinem Schosse als ein Kleinod der Beschaulichkeit ertrage und dich nähre ganz und gar mit Meiner Kraft und Meinen seinsgestählten Säften.

Was du immer pflegst, ist Meines Pflegens Rücksicht auf den Schwall der Angelegenheiten, die dich immerzu umbrausen im Geviert der Zeit, die dir dahingegeben. Ich lächle dir Erbauung zu in Situationen, die dich arg bedrängen mögen auf der Fahrt ins Glück, die Ich dir graduiere. Es steht dir trefflich an, Mein Ich in dir zu fühlen und dem Lichte des Erkennens Meiner Herrlichkeit das Tor zu öffnen, dass du ganz versinkst in Seligkeit und überglückliches Erwarmen an dir selbst im Reichtum Meiner Würde, wie im Strahlenglanz der dich von Mir umgibt und der das Zeichen ist der Seinserhabenheit, die dir zuteil geworden.

Es klingen alle Glocken der Glückseligkeit im Dom des Einigseins mit Mir, den du dir schufst. Ein befreiend Lächeln strömt dir von den lichten Wesen wunderbar entgegen, die den Himmel deiner Seinsgerechtigkeit bewohnen und Gefährten sind des Liebevollen, dem du eingebettet bist in heiterer Gewähr. Sorglos und gelassen siehst du ewigen Muts der Richtungslosigkeit der Zeit entgegen, die dir innewohnt und die dich, weil du Bist, nicht mehr bedrängen kann. Holdselig Bist du Mir geworden in der Melodie des ewigen Weilens im Vortrefflichen, das dich zutiefst bewegt und das sich dir zu Füssen legt für immer in der Seligkeit des Seinsbewusstseins, die dir wunderbar zuteil geworden.

3.2

So ganz in dich versunken, siehst du dir den Himmel an in deines Herzens Wohlgestimmtheit und Vermögen. Vollends geklärt ist, was du in dir Bist in reiner Selbstgefälligkeit und unbedingter Tröstung am Gesamtereignis deines Lebens. Es erscheint dir als gerundet und gesundet in der Kraft des Weltgedeihens aus dem Sein, das sich in höchster Kompetenz als deine Eigenheit erweist in seinsbewusstem Strahlen.

Die Wucht des Seinserlebens trägt dich in die Dimension der Sternenbahnen, die das Räumliche erschaffen und ihr Abbild im Bewusstsein deiner selbst erstehen lassen.

Im Kosmischen erwachen heisst, dich selbst erkennen als des Allgefüges Resonanz und Widerpart, als Wohnstatt aller Wesen im Erkennen deiner wahren Seinsnatur.

Die Gewissheit deines Selbsterkennens öffnet dir das Tor zum immerwährenden Beglücken deiner selbst, das sich durch alle Daseinsformen als ein roter Faden weiterzieht in Mir. Wo immer du erscheinst, macht sich die Fülle geltend, die ein Zeichen ist des Gottesmenschentums, das sich verwirklicht hat in dir.

Der Melodie der Dankbarkeit ergeben, weisest du dir selbst den Weg durch Zeiten und Äonen, die im Jetzt in einem grandiosen Bildnis seinslebendig vor dir stehn. Voll Liebe reisest du durchs Ätherlicht dahin in heimatlichen Gründen, wie in der Beseligung des Allbeschauens, das sich dir gewährt.

In zartem Weben keimt das Wohlgefühl an allen Wesen auf, die sich in dir behaupten und erfüllen wollen. Du lächelst ihnen Traulichkeit und Heiterkeit entgegen und versiehst sie mit dem Sein der Gottsubstanz, die sie erhebt und fördert im Bewusstsein ihrer Eigenständigkeit wie ihrer Einheit zugleich in der kosmischen Gebärde, der Ich Seinselan und Eigenwert verleih.

Ich sage Mich dir an als das Entschiedene im Weltenwanken und das Zärtliche in jeder Herzkultur. Als ein Erstrahlen geh Ich aus den Tiefen Meiner selbst hervor und weite Mich in alle Sphären der Urwirklichkeit, die Ich erschaffe und im Bilde in Mir trage. Lauteren Gewissens überwalte Ich in seinsgerechter Weise, was Mir angehört und was Ich in Vollendung weiter zu Mir zähle. Das Besitztum reiner Majestät beflügelt Mich zum strahlenden Verheissen einer Wohlfahrt, die in allen Wesen aufspriesst, die da seiend ihren Lebenspuls vernehmen.

Nun entgleite Ich Mir ins Beschauliche der Seligkeit im Weilen. Huldreich von Mir selber angezogen, trete Ich zum Seinsumfangen an, das Ich Mir Bin und das mit unnachahmlicher Gebärde reinen Liebens die Erfüllung ist des grandiosen Allgeschehns.

3.3

Geist unter Geistern Bin Ich in der Wahrheit Meiner Züge, der All-Eine, wenn Ich Mich zur Einheit allen Seins zusammenfüge, um Mich auszusprechen als der Füger aller Fugen, Keimer der Gekeimten, wie als Hintergründiger im grandiosen Welttheater, das Ich in den Wesen vor Mir spiele.

Zarathustra fasste Mich als Sonnenfeuerlicht in das Begreifen Meiner Gegenständlichkeit, um auszusagen, was die Richtung weist zu Mir. Doch Worte gibt es nicht, um Meines Seins Geschichte wirklich aufzuzeigen, derweil es ein in sich geschlossnes, namenlos glückseliges Schweigen ist, des liebevolles Strahlen sich in Mein Allgegenwärtigsein verströmt.

Dein Lauschen ist's dem Urton, der die Schwinge der Bewegung in Mein Seien brachte, die Veräusserung der Freude, die in leise, leisen Melodien sich die Wege des Verstrahlens Meines Weseseins erschuf. Ich habe Mich Mir selbst erwählt als Ursprung und Geheimnis der Wahrhaftigkeit im sich verflutenden Gedankenmeer. Mir selber Ideal, Bin Ich der Ausbund aller seinsgeschichtlichen Ideen, die das Werden zeigen und mit ihm die Zeit, in der der Unraum ins Allräumliche sich verwandelte in unerhörtem Sich-ins-Weite-Dehnen.

Selbstbetrachter Bin Ich Meiner Denkstruktur, der Überschauende, um den sich alles findet, lückenlos, und unerbittlich dem Beschauen preisgegeben. Müsste doch Mein Wesensbild in Scham versinken, wenn es wüsste, wie Ich alles seh, was es sich leistet in der Unbeschwertheit seines Webens.

Im Schweigen der Unendlichkeit bewahre Ich das Lächeln makelloser Güte, das den Zustand ausspricht, den Ich immerzu in Mir bewahre als das Wonnesein an sich im wunderbarsten Selbstgenügen.

3.4

Mein hochgemutes Ichsein lässt sich nie beirren von der Gegenwart des Taggeschehns. Es weiss sich mit den höchsten Höhn verbunden, die da sind und die ihm rechten Zuspruch reichen über die verstandestrunkenen Behauptungen.

Es ist das Zielen ohne Absicht und das Treffen punktgenau am rechten Ort in nonchalanter Weise, dass ein Raunen durch die Reihen geht der Spektateure und Gelegenheitsbetrachter einer Szene, die von Götteranmut trieft und von des Seinsgelingens Gnaden.

Immer stehe Ich dir hübsch zur Seite, wenn du dich durch das Besondere hervortust und mit Entschiedenheit das Graziöse und Entzückende erwählst, noch ohne es gesucht zu haben.

Der Wortschatz der Vernunft wird hintergangen von Dem, der alles weiss und Seiner Wissenschaft gemäss den Lauf der Lebensdinge dirigiert in blendender Voraussicht und geduldigem Erwarten.

Du mauserst dich getrost zur Götterherrlichkeit empor, wenn du ihr Votum in dich fliessen lässest, ohne dich zu regen. Gewichtiges bringst du zur Waage des Gerechtseins am Lebendigen, wenn Ich dich stähle.

Auf Spurensuche Bin Ich ständig und gewahre, dass Ich alles schon gefunden habe, was Mir zusteht seit Äonen.

3.5

Vom Geist geprägt ist alles, was Ich an Mir habe. Forsche Mir nach und du wirst die Blüte allen Lebens in dir spüren. Ungestüm dräng Ich nach der Verwirklichung des kosmischen Ideenreichtums, der verwandelnd und vermehrend in Mir brodelt und die Seinsgeschichte schreibt in wunderbar gefügten Leitern, Meinem Willen zugetan.

Mir selbst gehorchend, tret Ich keck und kühn, leutselig und geschliffen ins Erscheinen und vermehre die Geselligkeit in Mir. Jeder Weltenbau ein Paradies, das Ich bewusst und voll Genie entfalte in äonenlanger Prüderie und raffinierter Sinnkraft des Gestaltens, in Hemmung, Fortschritt, Tragödie und Lustspiel, lichter Wärme der Gemüter, wie der Wonne des Vollbringens, die Mich immerzu beseelt.

Grenzenlos ist Meiner Güte Gabe an die Auserwählten, die sich Meine Gunst gewissenhaft errungen haben. Bist du sanft und selig unter ihnen? Ich trage Mich im Heiligtum der Wachgewordenen den Berg der hunderttausend Stufen still hinan und weise Schritt zu Schritt in ihrem MeinerAbsicht-tatenfroh-Entgegen-kommen, bis sie auf dem Gipfel der Bewusstheit Mich erkennen in der Ebenbildlichkeit und Reinheit ihres Sich-Verstrahlens.

Sende Mich, wirst du voll Sehnsucht rufen, wenn Mein Ich Bin in dir zum Zug gekommen ist und Ich dich noch so gern zur Heroldsblüte stilisiere. Dein Dich-selbst-Erfahren landet in der Leichtigkeit der Sterne, die im Schweben sich vertun und deren Glanz der Abglanz ist von Meinem Geistesstrahlen.

Der Weg der Wege führt ins Geistige im Selbst-Erkennen Meiner Kür. Dort darf Ich hochgemut und friedevoll und leuchtend Meine Kreise ziehen im Bewahren Meiner Eigentümlichkeit im Sosein, wie Ich Bin und in der langgedehnten Melodie der Hoffnung auf ein Wiedersehn mit dem, was von Mir ausgegangen.

3.6

Christushelle öffnet sich dem Schauen und gewährt ein köstlich Bild, in dessen Mitte ein erhaben Engelwesen alles überstrahlt. Zeuge darf Ich sein von einem makellosen Inbegriff des Schönen und Vollendeten, dem Ich voll Ehrfurcht gegenübersteh in fassungsloser Freude des Erlebens. Vollkommen eingehüllt Bin Ich von diesem überwältigenden Strahlen, das, von Güte ganz durchtränkt, Mein Seelensein durchflutet und Liebe und Ergriffenheit in ihm gebiert. Ich darf es sein, der solcher Gnade sich erwürdigt; Ich lächle Meinem Vorbild seliges Gestilltsein in der Stille des Gemüts entgegen.

Welche Helle überlichtet das erhabne Antlitz, das Ich staunend in Mir seh. Du Bist, darf Ich Mir sagen und Mich vollends dem Einfluss seiner majestätischen Gelassenheit empfehlen.

Das Volk ist Heftigkeit, der Strahlende die Sanftmut in Person und Sein Bewirken ist Holdseligkeit in wunderbarem Selbstgenügen.

Die Platzierung ist vollendet und in Mich gesetzt. So isis in Mir geschlossen und beschlossen mit dem abenteuerlichen Wunsch nach Seinsgerechtigkeit und Frieden. Das Begegnen mit dem Christus fördert die Vollendung der Person zur liebevollen Anteilnahme am äonenlangen Weltgeschehn.

3.7

Nun wünsch Ich Mir bereitzustehn, um Mich und niemand anders zu empfangen in den grenzenlosen Höhn, die alles, was Ich Bin, noch überragen. Seinsgegenwart heisst Wachheit in Mir selbst, so sehr, dass Ich erkenne, wie die allgewohnten Wesen Mich durchströmen. Mein Begreifen holt die Ernte von Äonen in die Scheunen der Allherrlichkeit, die Ich bewohne. Transparenz der Güter, die Ich meine, lässt Mein Innenleben bis ins Detail sehn, das heisst, noch jeder sprossende Gedanke zeigt sich Mir im grossen Offenbaren, das in Seinskraft vor Mir liegt. Wunderst du dich, wenn Ich dir besage, dass das Auferstehn sich in den Sphären des Bewusstseins wunderbarerweis vollzieht, indem es in die Seinsbewusstheit übergeht, und damit Meinen Glanz erreicht im ewigen Beschauen.

Mehr als Mich kann Ich nicht sein und also Bin Ich Mir das Höchste, das da Ist und das sich sonnenklar am Selbst-Erfahren weidet.

Voll Begeist'rung hör Ich aller Welten Pulse in Mir schlagen. Kosmischen Erwachens steigt die Myriadenschar der Sonnen in Mir auf und tränkt das Bildnis Meiner selbst mit Lichtheit und Erhabenheit von höchster Majestät.

Und Bin Ich so, so Bin Ich auch ins Innerste in Mich zurückgezogen, wo Ich Mir unerkennbar Bin im Weise-losen. Dort ist Stille, namenlose Stille der Gedankentraulichkeit des Seins und Makellosigkeit des Fühlens. Reines In-der-Zärtlichkeit-des-Daseins-Ruhn gereicht sich selbst zum Heil und ist die Quelle aller Lieblichkeit und Grazie im Alpha aller Zeiten. Die Heimat des Ich Bin hat wieder sich in sich gefunden und erlebt sich in unendlich feinem, wonnestrahlendem Vollenden.

3.8

Nicht umsonst soll Ich dich aufgegriffen haben, arm, am Wegrand darbend, um Erlösung bettelnd von der Lebensqual. Ein Gefügiger sollst du Mir werden nach Gesetz und Ordnung, Minne zu dir selbst, wie Brauchbarkeit für Höheres, das in dir werden soll; geboren aus den Nöten. Als Gleichgesinnter unter Deinesgleichen treff Ich dich dann an und säume nicht, mit dir, als unfehlbar Gewordene; die Königsmacht zu teilen, die Meinem Wesen innewohnt.

Eine Morgengabe soll es sein voll Lauterkeit und Gleichmut des Vollbringens, die dich wappnet für das grosse Schreiten, Meinem Sein entgegen, in der Geistkultur, die Ich rundum verkünde. Mir zu trauen stellst du dich

76

beizeiten an und schaffst es, deine Hände an die rechte Handlung anzulegen, die Mein Urwort fördert und aufs trefflichste bewegt.

Keine Frage, wem du gleichst, wenn du dich in jeder blinkenden Nuance Mir angeglichen hast. Denn es sagen dir die hohen Geister Meinen Namen in dem traulichen Gespräch, das sie mit deiner Sinnkraft führen. Glückseliger darfst du dich nennen, wenn du fortan vor dir murmelst, was Ich dir bereite und wenn du deine Kreise weiter ziehst im Wissen um die Macht, die dir damit gegeben.

Macht zur Güte ist es, die dich dann beseelt; Macht zur Konsequenz, noch jede Eigenbrötelei aufs schärfste zu besiegen, um in Mir vollendet als der Herold dazustehen einer leis erwachten Zeit, die dieser Welt zum Heile ist gegeben.

Heilig ist der Ruf, mit dem Ich Mich an die Bezeichneten vergebe, wunderbar die Wirkung, die ihm innewohnt, wenn er voll Lieb und Treue aufgenommen wird, in wachen Reihen des begeisternden Elans.

Dies ist die Weisheit, die Ich dir mit auf den Weg gegeben, Schwung verleihend und geduldiges Erwarten des Gelingens der All-Einen Prozedur, die Ich in Szene setze himmelhoch und weit und breit in Meinem fabelhaften Selbstgenügen.

Und wieder strömt die Flut unendlich reinen Ruhns in das Geschehn, die Wesen all mit der Beseligung zu verbinden, die von Mir ausgeht, wie aus einem Meer, das sich verdunstet in der Sonne lichtem Strahl. Von Zartheit eine Sage fliesst die Melodie der Wärme in die lauschenden Gemüter und erlabt, was sie sich sind im wunderbaren Aneinanderfügen von Begütung, Milde, Tröstung und Gediegenheit des Seinsvergebens.

3.9

Bewusst leg Ich die Spur des Heils vor dein Verlangen
du brauchst sie nur getrost zu gehn
um sicher dorthin zu gelangen
wo soviel Treue schon in Meinem Glücke stehn

Ich halte dich in wunderbar geheimnisvollen Händen
ein kostbar Kleinod, sorgsam vor Mich hin
und helfe dir, dein Schicksal Meiner Glorie zuzuwenden
in voller Hoffnung, wie im strahlenden Gewinn

Die Sonne Bin Ich in der Mitte deines Wesens
der Heilende, der dich dem Freudenhimmel weiht
und dir die Fülle allen Lebens
in liebevoller Zärtlichkeit verleiht

Ermanne dich, vertrauensvoll zu hegen
was strahlend und belebend in dir liegt
es wird dich zur Glückseligkeit erheben
die noch in jedem treuen Herzen siegt

3.10

Öffne dich, und eine Welt des Lichts und des Behagens
strömt liebvoll in dich ein, in dir die wundersamste
Wonne zu verbreiten. In Andacht und Beseligung vor
dem Unendlichen, das dich erfüllt, ruhst du im Stillesein
und lächelst aller Zukunft reinste Gläubigkeit entgegen.
Was du dir Bist, verströmt sich an die Welt der Myriaden
Wesen, die dich mit ihrem Anhang voll Begeisterung
umgeben. Es fügt sich, dass du deine Kräfte wie von
Sinnen spielen lässest, um die Einzelnen und Vielen in
der Wirrsal zu befrieden und der Übermacht, die sie
bedroht, die Spitze wegzunehmen.
Heitern Sinnes lässest du dich auf dem Strom der Stille
meerwärts treiben und begabst dich im Betrachten mit
den Bildern der natürlichen Glückseligkeit, an denen du

erwartungsvoll vorübergleitest. Es ist die Heimat wahrer Wonne, die dich ruhvoll anspricht im Gemüt, um dich geheimnisvoll zu laben auf der weitgedehnten Reise, die dich immer neuen Ufern zuführt im bewussten Aneinanderreihen.

So erfüllt sich deines Seins Gediegenheit in Mir. Wunder über Wunder lass Ich vor dir auferstehn und tränke dich und lenke dich nach Meines Willens überwältigender Weisheit und Gelassenheit im Reinen. Eine Blüte Gottes bist du, wo Ich dich erwiesnermassen zu den Meinen zähle und dich führe in Mein Zelt der wohlerwählten Herzensgaben. Hier lässt sich trefflich ruhn in Wachheit und Erhabenheit des seligen Erinnerns. Der Duft der Traulichkeit erfüllt die Sphären reinster Harmonie, in der Ich bei dir wese und dir begütigend zur Seite steh. Mehr und mehr erfüllt dich das Bewusstsein Meiner Gegenwart in dir und weitet dein Befinden ins Unendliche, das Ich Mir Bin und das Ich allen, die in Mir sind, vollbewusst und heiter zeige.

3.11

In den Hallen der Glückseligkeit gewähr Ich dir den Wohlstand reiner Wonne an allem, was du in dir Bist, im Seinserleben. Vaterstatt nehm Ich für dich und alle an, die Meinem Stande angehören und die voll Weisheit ihrem Dasein Sinn und Wunderkraft verleihen.

Du Bist, was Ich dir Bin in unnachahmlichem Verfügen, und wenn dus weist, dann ragen deine Fühler weit in Mich hinein, die Wesenseinigkeit zu spüren.

In Seinsglut halt Ich dich umfangen mehr und mehr und weite dein Bewusstsein liebevoll ins All der Sphären, wo du, Meiner Gegenwart gewiss, unendliches Befreien atmest in die Leichte Meiner Wonne an Mir selbst und Meinem Michans-All-Vergeben.

Was immer Ich berühre, regt in Myriaden Fäden ein Erzittern an von Ehrfurcht im erstaunenden Gewahren, denn Meine Sprache ist die Tat aus Urgrundgründen und Mein Wollen das Vollenden jedes noch so unscheinbaren Webens in der Grossmut Meiner Wahl.

Du erlangst, was Ich gebiete, und erfährst dich selbst im Wachsen der Beweglichkeit und Seelenaugenfrische, die dich unausweichlich zu Mir führen. Seit Anbeginn sind alle Spuren auf Mich angelegt in der geheimnisvollen Wirklichkeit, die Ich der Welt entbiete. Weisst du dich zu halten in der Schwebe zwischen Sinnlichkeit und Geisterkennen, läuten dir die Glocken Meiner Güte reinen Frieden zu, im elysisch hell gewordnen Tal.

Bestimmung ist's, das Sein zu finden allseits, wo Ich Meine Züge hinterleg in strahlender Behutsamkeit und zartem Mich-an-alle-Dinge-würdevoll-Vergeben. So ruhe denn in Mir inmitten deiner Angelegenheiten und wisse dich zu halten im Bewusstsein Meiner Gegenwart in jeder Zelle warmen Lebens, das sich da versprüht und Weisheit offenbart im Selbstgenügen.

Heilige durch Liebe, was dir in Geschwisterschaft entgegenflutet, und erkläre dich zum Bruder aller Dinge, die im Einssein mit Mir stehn. Unverdrossen mehre Ich dein Wohlgewissen an der Vielfalt einer Welt von Meiner Fülle des Begabens. Nenne dich Glückseliger in Mir im mutigen Erkennen Meiner Güte und verweile lächelnd im beseelten Schweigen der Genügsamkeit am Seinsgeschehn.

3.12

Sanftund seeleninnig reich Ich dir die Hand zum Übergang ins göttliche Genügen. Genügsam ist, dass du dich vollends hingibst dem, was Ich dir Bin in der Bewusstheit Meines Seins von wunderbarer Leichte des Erfahrens. Glutopfer der Begeisterung sei es, was dich Mir zuführt ohne jedes Wenn und Aber auf der Linientreue der Verklärten. Du lässest Mich gewähren und vernimmst den Seelensang, der Meines Nahseins Zeichen ist in dir und dessen Lauterkeit in dir ein Jubilieren anfacht von befreiender Erregtheit wie von wunderbar besänftigender Ruh.

Die erhabensten der Weiten darfst du in dir selbst erleben, wenn die Sterne dir, im Wesenhaften sich verströmend, zu Gevatter stehn für eine Taufe überirdischen Gewährens. Darin erfährst du, dass Bewusstheit als allweites Phänomen in dir zum Zuge kommt und dir im Seinsbeglücken liebreich offenbart, was du in Wahrheit Bist, von Mir in Ebenbildlichkeit dahingetragen. Gerundet und gesundet, Gleichmut schöpfend und Erhabenheit gebärend, gleicht sich dein Sinnen Meinem vollends an und sinkt voll Dankbarkeit und Harmonie ins grosse Einen, das Ich Bin, im allgemeinen Kräftespiel wie in der Seligkeit der seinsgeschwisterlichen Liebe, die Ich noch in jedem Wesen generiere, das Mir innig zugetan.

Wozu hab Ich dein Sein in Mein Bewusstsein eingeschrieben: Um die Seinsgewissheit zu entfachen in des Herzens Ich-Natur und seiner Fähigkeit, sich an die Sehnsucht nach Erfüllung hinzugeben. Ganz im Stillen trachtet es nach dem Geborgensein an sich in namenlos beglückendem Vertrauen. Ohne sich zu zieren, will es seelenselig im Umfangen stehn und in der Grazie des Sich-Verschenkens das Beglücken üben masslos und gediegen.

Das ist Meines Wunderwirkens Heft in deinen Händen, Meine Gabe des natürlichen Betragens ohne jede Spur von Selbstsucht oder Zweifelhaftigkeit im reizenden In-dirBeruhn.

Auferstandene sind froh in sich gewogen und bewegen sich wie schwebend über Steg und Flut Den Meistern gleich ist ihre Lebensattitüde, und ihr Sein verkündet das Ich Bin vor aller Augen, ohne viel davon zu reden. Reiner Wonne zugetan, erreiche Ich in ihnen das Begründen einer Seinskultur von höchsten Graden und bedeute Mir darin den Schlussstein im Gewölbe eines Menschendoms, den Ich im zauberträchtigen Äon geschaffen, lichtdurchschossen und beschwingt von cherubimischer Gelassenheit und Güte. Immerzu darin verweilend, atme Ich Glückseligkeit in seinen Zügen und erfahre Mich in seiner Innigkeit als Es in makellosem Mich-Bewähren.

3.13

Lebendiges Gebild aus Stoff und Namen, Meinem Sein gemäss, mit dem Ich wirke, wo die Emsigen sich finden zur gemeinsam hochgebornen Tat, der schönen Eleganz verschworen. Mein Anspruch ist immens, wo es ums Letzte geht, die Konkurrenz endgültig aus dem Feld zu schlagen. Mahnmal Meiner selbst Bin Ich im Korrigieren wie Bestätigen von allen Tricks im Ausprobieren.

Ich will Mir im Gestalten Meines Rechts bewusst sein, Wundertaten zu vollbringen in der wohlerwählten Schar, die sich in Harmonie und Edelmut dem Werke weiht, das ich ihr vorgegeben. Aller Hände Fleiss gebiert Gelingen wie in Frühlingszeiten und erfährt die rauschende Bewunderung, die ihm dazu gebührt. Das Königliche darf sich sehen lassen in den Hallen der Begeisterung am graziösen und verspielten, farbenfrohen und voll Fantasie erreichten Zauber des Umhüllens der Gestalten, um ihrer Schönheit Würde zu verleihen. So Bin Ich die Facette in des Lebens reizendem Verspielen und erreiche, was Ich will, in weise zielbewusstem Aneinanderfügen, mustergültig, kunstvoll und erhaben.

3.14

Das Unversehrte in des Menschenherzens Beuge zu erkennen, ist gewiss das wunderbarste Ziel im allgemeinen Zielen, derweil Ich Bin des Weltalls Hoffnungstür und Angel in wohlerwognem Selbstverfügen. Im Seelenbunde mit der Weisheit tret Ich ohne Zögern vor Mich hin und hebe an, in Meinem Wirkfeld eine offne

Rechnung zu begleichen. Denn im Grund genommen ist, was Ich mit so viel Akribie verrichte, wider Mich ein Sakrileg, indem Ich Mich in Meiner Wonne störe und Mich nicht mehr im Stande der Vollendung seh.

Mein Auf und Ab und Hin und Widerwogen ist in Wirklichkeit ein einzig Werk des einzigartigen Verlangens, Schönheit, Trautheit und Bewusstheit in die Welt zu setzen, die Ich Mir geflissentlich erbaue.

Königreiche seh Ich aus Mir spriessen und verwehn, Prunk und Einfachheit sich formen auf der Liste Meiner Eigentümlichkeiten, die von Hand zu Hand und von Gedanke zu Gedanke vor Mir auferstehn.

Gehör Ich Mir, gehörst du auch dazu und trägst das Siegel der Verbündeten auf Stirn und Nabel, denn es wird dir nie gelingen, deine wahre Herkunft zu verleugnen, wenn du nur ehrlich und gewissenhaft die Seinsverhältnisse betrachtest, die Ich dir vorgegeben.

Ein Prise Gold will Ich in dein Gewissen legen mit jedem Wort von ausserordentlich geschickt bestandner Wahl und will sie deinem Ruhm und Reichtum übergeben, die sich häufen und bewähren jederzeit in Mir.

3.15

Du hast dem Hohen, das Ich Bin, bedingungslos zu dienen, Meinem Eigentum zu Willen als ein Seinsfigürchen in dem abergrossen Plan. Begreifst du Mich, so kann Ich dich ergreifen als die Zierde Meines Hauses, süss wie der Morgenstern, der Meinen Rosenhorizont belebt.

In Mir bist du nicht irgendwer; es häufen sich die Zeichen, dass du Meiner Glorie Part und Meines Seinsgewissens Anhang Bist für Ewigkeiten. Erinnerst du dich an das letzte triumphale Mal, wo du erfolgreich warst in deinem Dich-Beherrschen und dich nach dem Eigenwillen führen wunderbar? Genauso führ Ich Mich in dir, wenn du dich von der Einheit Meiner Züge führen lassen willst, wie auch vom frischen Wind, der Meine Räume liebelicht durchweht im Wirklichkeit-Gebären.

Immer Bist du Meines Seins Erfüller und Bestätiger, wenn du bewusst zum Kreuz der Pfade schreitest zwischen dir und Mir. Du schreitest damit auch zum vollbewussten Auferstehn in Mir und meinem Ewigkeitsgewissen, das, ein heilig Feuer, brennt und leuchtet in die Nacht des Unverstands hinein, in der noch so viel Seinsberufne schlafen.

Ich Bin die Heiterkeit, Erwartung und Erfüllung im Bewusstsein deiner erdgebundnen Tage, in denen sich das Körperliche einschiebt zwischen dich und Mich, um neue Sagenhaftigkeit ins Dasein zu erheben. Der Gottheit unverwüstlich Los Bin Ich, darfst du dir sagen und darfst damit Mein schicksalhaft Bedeuten weiter runden und bestehn.

Es läuten Meine Glocken dir den Frieden ein, sowie du Mich in deiner Wirksamkeit gefunden. In Wonne glänzen deine Augen ob der Seinsbedeutung, die Ich dir in Mir gegeben, denn es steht geschrieben: Wer Mich liebt, dem öffnen sich die Sesamtore zu den Schätzen, die Ich für ihn auserkoren.

So will Ich's und so lass Ich dich dich selbst bewähren, in der Milde Meines In-dir-Auferstehns sowie des Seligseins im Gnadenlichte Meiner Boten.

3.16

In Meinem Namen trägt sich alles Wunderbare in den kosmischen Allwelten zu. In allen Rängen, Runden, Reichen und Errungenschaften tritt Mein Wesen aus dem Seinsgeheimnis licht und schön hervor und setzt sich an die erste Stelle aller Werte, die da sind und bleiben.

Lächelnde Bewegtheit ist Mir inne, ebenso wie Strenge des Verwaltens aller Güter, die aus Mir geworden.

Im Kosmos Meiner Liebe herrscht die Wohlgeborgenheit für alle, die Mir dienen. Auf leise, liebevollen Füssen tret

Ich noch in jedes Seinsgemach und heile, weihe, wirke, tröste, künde und verbinde, um Meinem grandiosen Eins-undEinigsein mit allen Wesen Raum zu geben.

Immer sprech Ich Mich voll Huld ins laufende Getriebe; unverwandt hang Ich an jedem Wort, das einer Lippe sich entringt, um jeder Wirrsal, jeder Wohlgeordnetheit und jedem hergesagten Sinnspruch auf die Spur zu kommen. Meine Weise ist die Weise der Verliebten in ihr Werk und Mein Begehren gibt sich seiner Würde hin in makelloser Reinheit und Verbindlichkeit des Allbeschauens. Errate Mich und sei, ist die Devise, die Ich mit Flammenlettern jeder Haustür überschreibe. In Meinen Gärten lässt sich wohl und weise heiter sein und über alle Grenzen herrscht die Einheit und Gelassenheit des Aufblühns Meiner Wirklichkeiten.

Meiner Meisterschaft gemäss verseh Ich alles, was Ich Bin, mit dem geheimnisvollen Zug zur Mitte seiner selbst, und somit wirst auch du dich mählich in der Mitte deines Wesens finden, die Ich Bin in nie erlahmendem Begeistern an Mir selbst und in der Seinsbeglückung, die Ich wunderwirkend in Mir trage.

Frei und leicht und licht ist Meine Hochfahrt zu den sieben Himmeln, die Mein Horizont sind und Mein fürstliches Mich-selbst-Begaben. Gütevoll verteil Ich alles, was Ich meine und Mein Eigen nenne in der Sternenruh. In der Benedeiung Meiner Gaben erweist sich dir Mein Gegenwärtigsein als die Erfüllung allen Sehnens, wie der Hauch des höchsten Wohlgefühls, das noch in aller Welten Bogen sich erfindet und erlebt.

3.17

Fabelhaft und heiter ist die Seinsgestimmtheit, wo Ich Mich entfaltet habe. Ein Singen ist's, unendlich Klingen in der Atmosphäre der beschaulichen Gelöstheit, die Mir eigen.

Aus Wohl und Wehe Bin Ich in den Freiraum der vollendeten Geborgenheit gezogen, wo das Ewige sich Mir erschliesst und alles sich zur Güte wandelt, was Ich ins Bewusstsein hebe.

Allem Eigenwilligen entbunden, leb Ich im vollkommnen Ebenmass des Weilens in Glückseligkeit und Frieden, sorglos und gelassen vor Mich hin in weiseloser Selbstverständlichkeit und Bin und bleibe lächelnd und erhaben das im Grunde Unerklärliche für Ewigkeiten.

Komm und teile mit Mir, was Ich so erlebe und lausche hochbeglückt dem Sang der Seligkeit, den Ich so wohlbegründet von Mir gebe. Als ein Windhauch der Geselligkeit will Ich mit deiner Seele fürbass gehn und will in lieblichem Erröten Deines Seins Gespan und traulicher Begleiter sein in allen Lebenslagen. Bereite dir ein Fest aus Feingefühl und Allbehagen, das das Meine in dich strömen lässt in wunderbar harmonischem Begüten. Sei dir, was Ich Bin und trage das Juwel des Glücks auf Stirn und Wangen, dass die Welt dich deiner Weisheit wegen lobt und das verehrt, was dich zu Mir emporgetragen.

3.18

Was wahrhaftige Grösse ist in Meinem Mich-Benennen, ist Geschenk von Mir zu Mir im Weistum Meiner Züge. Komm Ich bei Mir an, so anerkenne Ich Mein eigen Seufzen nach Gerechtigkeit und Liebe, nach Erhabenheit und überirdischer Potenz im Abergrunde Meines Rauschens. Der Besitzer Bin Ich Mir allein, ausgegossen ins allräumliche Fibrieren.

Alles, was Ich von Mir weiss, ist makellose Tugend, Seinsgeselligkeit und Blütenfrische im Gebären neuer Sinngedichte vor Mich hin. Zweifellos ein Glück Bin Ich Mir selber in der Unbeschwertheit Meiner Siegestaten, im vertraulichen Beseelen aller Wesen, die Ich Mir erschuf, wie im Vermitteln einer Klare der Gedanken, die den Fortschritt in sich trägt und das begeisternde Gelingen.

Ich erkläre Mich zur wahren Mitte allen Zeitgeschehns und Bin Geklärtheit in den Myriaden Meines Anhangs. Ausgegossen und gesammelt Bin Ich Mir die lichterlohe Seinspräsenz in jedem noch so windigen Verfahren. Nie gealtert, weiss Ich Mich galant und heiter im Geschiebe der Äonen zu behaupten und erfahre Mich als den, der immer will und seinem Willen Unerbittlichkeit verleiht und Urkraft im Sich-tausendfach-Bewähren.

Bevor Ich ins Erscheinen trete, Bin Ich Mir die Unergründlichkeit der Ruh im Weisesein und Mich-in-Seligkeit-Verglühn. Leise, leisen Seinsfibrierens wes Ich ohne Richt und Ziel im Mich-Beglücken, sonnenklar und ewig heiter im Mich-selbst-Erfahren. Bin Ich so, so hat das Sein sich wieder in sich selbst gefunden und erfährt sich als All-Liebe und allherrschender Gedankenstoss. Innigkeit und Seinsveräusserung in einem Bin Ich unablässig und vermeide es, darüber zu sinnieren, was noch besser und geschickter wäre in der kosmischen Allüre, die Ich Mir gewähr.

In Redlichkeit und Unverblümtheit zieh Ich meisterlich dahin, wo neue Felder dem Erblühen offenstehn, wo sich die Lieblichkeit und Grazie anschickt, ihren Teil zum Universum beizutragen, derweil sich Meine Güte wie ein Loblied in die Zellen breitet Meiner Kunst zu sein und zu beleben, rein, geschwisterlich und schön.

3.19

Allfriede herrscht in Meinem Mich-Befinden, derweil die Rosenwinde der Barmherzigkeit durch Meine Aberräume wehn. Allwo Ich seufze, lindert Meines Seins Erhabenheit wie Balsam jedes Weh und lässt den Duft der Sternnacht sanft darüberstreichen.

Wie kann es anders sein, da Ich Mich in den Gegensätzen liebe, die Ich Mir erschuf, derweil Ich alle Stätten Meines

Wirkens mit unendlicher Behutsamkeit und Achtsamkeit umfang, um sie dem Heile zuzuführen. Wo immer die Gedanken sich verwirren, die Ich in Mir hege, träufle Ich das Elixier des Vergessens ein und lindre so den Schmerz des Ausgestossenseins aus wohlgesetzten Menschenbahnen. Ich pflege Freundschaft, selbst mit denen, die Mich nicht mehr kennen mögen in der Herzenstiefe ihres Wesens, weil gerade sie die Liebedürftigsten von allen sind im Reiche der Natürlichkeit von Meinen Gnaden.

Heilung ist, wo Ich den Faden Meiner Allbewusstheit wieder finde und Mich führe ins unendlich Lichte Meiner Göttersphären. Dort Bin Ich die absolute Friedefertigkeit und Ruh, die lächelnde Gelöstheit und das Bad der Wonne des Elysiums, das Mir zuteil wird allsobald, wie Ich Mich dort gefunden habe.

Leicht gewellten Fluges schweben heitere Gedanken durch die Weiten und fassen sich im Glück des Augenblicks zusammen, das Ich Mir Bin, von Angesicht zu Angesicht und von Erleben zu Erleben. Ein Spiel der Güte ists, das Ich in Meinem Allbedenken pflege, ein Adlerkreisen um den eignen Pol, das Mir bewusstes Seligsein bedeutet und Berufung zum gediegnen Wohl der Sterne, die Meinen Weiten eingeboren sind, als hätte sie der Wind dahingetragen.

In Meisterschaft zu fabulieren heb Ich an, wenn alles stimmt in Meinem Mich-Begründen und die Wimpel höchster Freude sich verflattern in der heilen Helle, die Mir eigen. Heimat Bin Ich Mir und Herrlichkeit gestillten Sehnens.

Wachend ruhn, gedankenlos und sicher ist ein Traum und eine Weihe ans Unendliche, dem sich in fernsten Fernen nichts entziehen kann, was Ist und was sich selbst behauptet in der ewigen Vollendung, die in ihm das Zepter führt.

Glaube Mir und glaube sicher, dass die Dinge allesamt im Guten liegen, denen Ich das Sein gewähr und in ihm auch das Seligsein verheisse.

3.20

Mit des Urgeists Worten darf Ich Mich begeistern an der Wirklichkeit der Sphären, die hinter jedem Kosmosauftritt stehn. Was die Menschenwissenschaft erfunden, nimmt sich wie ein Kinderplappern aus vor dem, was in der Geisteswirklichkeit geschieht, als wahrer Grund der Dinge des Erscheinens und als Lauf der Welt, wie ihn die Seinserleuchteten gewahren.

Zwar sieht die Menschenweisheit in dem Ei die Schale und den Kern darin, doch kann sie nicht den Kern als Schale eines Geistigen betrachten, das allem Fasslichen zugrunde liegt und, sei es Zelle oder Stern, das Leben ist in ihm.

Was andres darf sich Leben nennen als das, was sich erkannt hat als Ich Bin und das Triumph ist über alle Nöte des Gestaltens und Gewaltens, wie des unfehlbaren Untergehns. Denn siehe, in Mir ist das Ungeborene am Werk, und dieses ist der wahre Keim für alles, was im Weltengarten Blüten treibt und Früchte und Begeistrung und Behagen. In voller Klarheit des Erkennens Bin Ich Mir Gesandter Meiner selbst, als in der Myriadenfältigkeit, die aus Mir flutet und sich ringelt, kringelt, sputet und verflutet, ohne Mich zu sehn. Doch Ich walte unbeirrt im Seinsgeheimen und beginne und vollende, was Ich will in Meiner liebevollen Weise, über allen Dingen fest und friedevoll zu stehn.

Unerhört verändert sich die Welt in dieser Perspektive, denn daraus muss sich einst ein allgemeines Miteinander und ein Füreinander in getreuer Bruderschaft ergeben. Aus dem Einen kommt und zu dem Einen fliesst zurück, was Ist und was aus Meiner Einheit ist geworden. Siehst du, dass Ich in dir Bin, so Bist du heil und bist gerettet vor dem Illusorischen, das so viel Wirrsal zeitigt, so viel Ängste, Krieg und Not. Das Ich Bin ist alles, was es braucht, um in der Freude des Allmächtigen zu leben und um sich wahrhaft frei und unbeschwert zu fühlen. Ewige Heiterkeit und ewiges Liebelächeln sind die Attribute

Meines Seinsgewissens und so soll es überall im Menschenwirken sich verbreiten.

Wer darf im Paradiese reiner Seligkeit sein Ich erleben? Du, wenn du dich selbst erkannt hast als das Eine, das Ich Bin und das in überschäumender Begeisterung sein Wesensbild verkündet und erklärt, das im Vollenden seiner selbst in kosmischer Gelassenheit sich findet und im Einen als das Eine sich erlebt.

Lichten Himmeln hingegeben, seinslimpiden Horizonten, wie den Wallungen des Freudeseins im unermesslichen Gewoge, Bin Ich das Ersehnte und Erlöste im erhabnen und Glückseligkeit gewordnen Spiel.

3.21

Immerzu im Seinsgefühl zu leben und zu weben ist Mein Ziel für Millionen, denen Ich Idol und Wegbereiter Bin. Ich will es schaffen, dass die Wachheit Mich ergreift in jedem Wesen, dem Ich Leben Bin und Willkraft und Gesetzlichkeit und Übereinkunft mit den Sternen. Indem Ich Mich in ihre Leiblichkeit vergrabe, wese Ich wahrhaftig und bewusst in ihnen, fühlend, wollend und erwägend, was sie sind in ihrer Seinsnatürlichkeit und ihrem In-die-ZukunftStreben.

Seinsverwandlung in die Vielen leiste Ich und führe Meinen Anhang unerschütterlich und liebevoll der Seinsvollendung zu. Voll der Evolution ins Künftige verschworen, trag Ich ihr Wohl auf Meinen Lippen und befruchte, was sie sind in Meinem Namen, Meiner Unbestechlichkeit und Meiner Güte im Allhier. Zoll um Zoll gewinn Ich Mir den Boden reiner Tugendhaftigkeit in ihnen. Ich ermahne sie dazu, ihr Kreuz allwie ein Diadem auf hocherhobnem Haupt zu tragen und die Fristen einzuhalten, die ihnen in dem grossen Werkplan vorgegeben sind. Jedes Du wird so zum Ich in Meinen Gärten des gerechten Handelns und der Liebenswürdigkeit im Umgang mit den Seinsverklärten, die Mein Wort im Innersten verstehn.

Harmonie der Welten will Ich künden und vermehren wunderbarerweise in der Herzen Freudensaal. Nennt Mich, wie ihr wollt, Ich Bin der Seinsentfalter in der vorgegebnen Weise Meines Mich-Verflutens und erschaffe in Äonen die Errungenschaften Meiner Wahl.

Seinsgewissheit sä' Ich als der Landmann Meiner Güter und gewähre Aufschwung, wo Ich Meine Flügel recke und die Hälse strecke in gewaltig weitgedehntem Flug.

Einmal ernte Ich, was Ich in Keimen angelegt und würdige, was in Vollendung vor Mir seine Kreise zieht in Seinsglückseligkeit und wonnevollem Strahlen. Ich schaue Meines Freiseins Züge und lächle Meiner Seinserhabenheit in jedem Wesen Gleichmut und Entzücken zu.

3.22

Mir ist die Sache sonnenklar, die Ich betreibe. Das Wesentliche Bin Ich in der Wesen gütevollem Schoss und brauche Mich Mir selber niemals zu beweisen. Nun gibt es sich, dass nur die Allerleuchtendsten Mich strahlend und begütigend in ihrer Mitte sehn und so zum Tempel Meiner Seinskraft werden,

Wer Mich hütet, ist der Träger Meines Willens, ist die Inbrunst Meiner Herzlichkeit und aller Tugend Seim im Unerklärlichen, das Ich Mir Bin in ihm. Was ist sein Jauchzen andres, als der Überschwang glückseliger Gefühle, die Mein Part sind im Bewusstsein der Unendlichkeit, die Ich in Mir erlebe.

So wie die lautre Hoffnung niemals aufgibt in den schwierigsten der Zeiten, tränke Ich Mein Sein mit der Begründung der Allherrlichkeit, in der Ich Mich erfühle. Und die ist Mir gewiss in jeder Faser Meiner Selbstbewusstheit, in der Ich Mir den Reim des Göttlichen erbildet habe. Denn allüberall vereint im raumlos Wirklichen Bin Ich die Zierde jedes Augenblicks, den Ich zum wonnevollen Seinsbeschauen Mir erwähle. So geh Ich vor, so geh Ich nach im Zeitenwogen, immer im Ich Bin begriffen, das urewige Substanz ist und Gewähr.

Vollendete Verklärung ist Mir inne ebenso, wie die so seligmachende Erkenntnis, dass Ich alles, was da Ist, in nie erlahmender Gefolgschaft in Mir trage. Ohne jeden Zweifel steh Ich über allem, was im Sternenall wie in der Geistigkeit der Welten als erschienen sich erklärt, denn es ist Mein Erscheinen weit und breit, und Meine Stärke ist es, das Dahinter darzustellen, namenlos, unfasslich und gediegen.

Selbst das allerletzte Rätsel ist in Mir gelöst, worin das absolute Freisein ist in Mir zum Seinsprinzip erhoben, und im Mich-Verschenken will die reine Grazie der Liebe zärtlich sich verwehn. Sonnengleissende Bewusstheit Bin Ich Mir im Alldurchstrahlen, lächendes Begüten Meiner Wirklichkeiten, wie allliebendes Behüten aller Wesen Meines Ich-Gefühls. Gestilltheit in der Unermesslichkeit der schweigenden Vernunft ist reine Wonne an Mir selbst, wenn Ich in die Gelassenheit und Weiselosigkeit des Ruhns versinke.

So will Ichs und so seis und ists in ewig strömender Bravour und ungeteilter Heiterkeit im Meine-Seelenseligkeit-Erfahren.

3.23

Überragendes Gesunden trifft dich in der Atmosphäre des Geborgenseins in Mir, wenn du den Weg zu Meiner Wirklichkeit gefunden. Ich wappne dich und du gehst siegend durch das Unterland dahin in strahlender Bewusstheit und Bewegtheit deiner Züge.

Was immer du ergreifst, verwandelt sich in Meinem glühenden Verlangen zur Vollendung und Gediegenheit im Einklang mit der Weltenharmonie. Es läuten alle Glocken freudevoll den Frieden ein, wo du in Meinem

Namen Werke der Barmherzigkeit vollbringst und Türen öffnest für den Gang in Meiner Räume Wohlfahrt und Gedeihen.

Mach dir nichts vor, wenn du an Schwellen trittst, die ständig höhere Geschicklichkeit verlangen. Ich schenk sie dir, wenn du nur treu und tapfer weiterschreitest auf der eingeschlagnen Bahn des inneren Fortschritts, der dein Wesen umprägt für das Gütesiegel Meiner Wahl.

Der Gang in Meine Höhen führt zum Seinserkennen und damit zur Einsicht, dass du Bist Mein Wesens Teil und die Gebärde Meines Alldurchflutens. Überragenderes kannst du nicht erleben, als das Wissen um das Einigsein mit Mir und die Glückseligkeit, die dich darob ergreift, die alles gut macht, was du Bist und was du noch vollendest in der Heiterkeit Elysiens, in die du eingetreten.

Wahrhaftig selig ist dein Sein, sowie es Meins gefunden. Deiner Tage Rauschen ist ein einziges Erquicken in der Sorglichkeit, die Ich dir angedeihen lasse, denn nun klingen dir die Worte:"Sei und sei getrost" beständig in den Ohren. Liebreich, gütig und erhaben Bin Ich dir zur Seite, wo du gehst und stehst und wohin immer Ich dich treu begleite auf der ewigkeitsbewussten Wanderschaft durchs Leben.

Eitel Freude ist dein Teil an jeden Rosenmorgens Aufstieg, und sein Erfüllen führt dich in die Urmacht Meines Auferstehns zum Lichte, das dich neu gebiert und das dir Pate steht zu neuen Wundertaten. Du erkennst, wie Ich erkenne und gewandest dich in Meinen Strahl der überragenden Geschicklichkeit und des Umrundens Meines Pols in ständig engeren Kreisen.

Scheibenmitte sollst du sein von Meinem Zielen. Pfeil eines Bogens, der unfehlbar Mein Ziel erreicht und in ihm Heil und Hochgemutheit feiert. Wunderbar gelöst, erlöst und wie von Frühlingswinden in die Höh getragen, Bist du in der unaussprechlichen Beglückung, deren Ich dich würdig finde in des Seiens Freudensaal. Komm und sieh und staune, welche Fülle dich empfängt in Meinem Dich-Umfluten und verneige dich vor dem, was Ich dir ins Gewissen singe Meiner Allpräsenz im Guten, Halleluja.

3.24

Kleine Welt im Grossen, grosse Welt im kleinen Menschentum, das Ich beglaubige, begradige und in die rechte Weise führe, ohne Mich zu zieren. Weiss der Kuckuck, wieviel Zeit vergeudet wird, bis auch nur eines Meiner Schäfchen wieder sich dezent darauf besinnt, was Ich für es bereitet habe im erhabnen Weltenplan. Alle Finger tun Mir weh vom Schreiben von Rapporten vor Mich hin, die Unwert und Vergeudung Mir bezeugen in der Krabbelei der Millionen. Bin Ich sie, so hab Ich selber Mir das Süppchen eingebrockt, das Ich nun auszulöffeln habe in des Weltendschungels Dichte und Gebaren.

Jedem Wesen gilt sein eigenes Revier als Mittelpunkt umfassender Gebiete, als sakrosankte Heimat seiner Tätigkeiten und als Ausgang seiner Staatsräson. Möcht es sich doch bald darauf besinnen, dass die Myriaden um ihn ganz dasselbe meinen in der abergrossen Illusion, die ihnen Schwung verleiht im unermüdlichen Agieren.

Werde dir bewusst, dass es nur eine Mitte gibt und die Bin Ich im allerkleinsten, wie im kosmischen Gewalten, das Ich inszeniere. Suche, finde und erlebe sie im überwältigenden Glanz der Stunde, die Ich dir beschieden. Du in Mir und Ich in dir in wirklichem Befund, den alle Seinserhabnen dir bezeugen und behutsam deinem, ins Gewöhnliche verkrallten Wesen, einverleiben. „Alles, alles ist so wahr, was Ich im Absoluten Mir bedeute", kannst du von nun an tausendmal am Tage repetieren und damit die wahre Wirklichkeit am Zügel halten, die sich durch dein Wesen intoniert und leichterdings zur Fabelhaftigkeit gestaltet unter deinen weisgewordnen Händen.

Weltengrösse zu gewinnen, ist dein Los in Meinem aberwirkenden Bewusstsein, unteilbar und bis zur letzten Fiber einig mit der Seinssubstanz, die Ich verwalte, allgewaltig und erhaben.

Dem Erklären folgt die Weihe reiner Ruh in tiefgefassten Gründen. Das Ich Bin steht für das makellose Dich-Besinnen auf die Kraft des Ursprungs, die als dichtendes Geschwader in sich selber seine Stätte findet namenlosen Schweigens in glückseliger Bescheidenheit und losgelöstem Weilen. Es ist die Welt der ungeborenen Gedanken und der Wachheit in der Wonne reinen Seins, die alle Fülle in sich schliesst und alle Leere des Gewissens vor der Lichtpracht, die sich strahlend ihr dahingegeben.

3.25

Voll Ehrfurcht vor dem Allerhöchsten, das Ich in Mir Bin, beginne Ich den Tag mit Seinsbeschauen im Bestätigen der Wirklichkeit, die Ich in Mir begründet habe. Darauf lasse Ich Mich ein als in ein Fest der guten Gaben, die aus dem Stillsein Mir erspriessen. Schauen darf Ich da das Ineinandergreifen von erhabenen Gedankenkräften, die in Weisheit und Gelassenheit ihr Aberwerk betreiben. Sie ruhen im Ich Bin und walten, schalten und erwägen für Jahrtausende, was noch im Weltenlauf geschehen soll im Zug der Evolutionen. Lautlos und bestimmt bewirken sie das Blühende im Menschengarten. Heiter und bewusst begütigen sie die Affären auf dem Marktplatz des Geschehns, indem sie Weise inspirieren mit dem Wort, das ihnen zusteht und das Ordnungen gebietet in der Wirrsal und Gerechtigkeit im Labyrinth der Tücken, die aus selbstischer Gerissenheit entstehn.

In jeder Mannigfaltigkeit ist Meine Ich-Natur der Punkt des Wohlgeratens und Befruchtens der Gemüter mit Gediegenheit des Denkens und Beseeltheit der Gefühle auf die Liebe hin, die die Agierenden im Umgang mit sich pflegen sollen. Ich werfe ein, was Unschuld, Harmonie und Lauterkeit gebiert und schöpfe Wohlverstand und Liebenswürdigkeit in ihre offnen Schalen.

Gerade dir trau Ich Bescheidenheit und Starkmut zu im Kämpfen um das Wunderwerk des Friedens, das vom Einzelnen die Vielen seinsbewusst umfassen und umranken soll mit freudevollen Trieben.

Als im überirdischen Ich Bin begründet, schreiten die mit Mir Verbündeten bewusst und aufrecht durch die Lebenszeit dahin und schaffen Werte, die die Dauer und den Aufgang Meiner Glorie in sich tragen. In Mir reisest du zur Stätte des Gedeihens, wo es immer sei, weil Meine Sehnsuchtskräfte dich galant zum Guten führen. Sowie du dein Dich-auf-dich-selbst-Besinnen Mir versprichst, gewähre Ich dir Blanco-Unterschrift auf allen Konten Meiner Kür. Es sei, dass Mein Vertrauen unbegrenzt in deines überfliesse, wo die Gemeinschaft zwischen dir und Mir im Unermesslichen sich findet und im Lichte des Verklärens zur Beständigkeit ersteht,

Ausgelaugt ist das Absonderliche hinter dir verschwunden, und du Bist in Mir, was Ich dir Bin, in gleichgesetzten Zügen.

Wahrhaftigkeit und Liebe zieren, was Ich Mir bedeute, und die Wege des Gewinnens laufen nach der Richtschnur auf Mich zu in allen Kreisen und bestimmten Dienstbarkeiten.

Ich rechte nicht, weil Ich das Rechte Bin in allem, was Ich habe, und dies ist Mein Beschluss: Dass Ich im Seinsbeschauen immerdar obsiege und Mir selbst genüge als die nie versiegende Holdseligkeit und wache Weisheit in der liebe-lichten All-Natur.

3.26

Aus dem Sphärensein erschallende Gedanken sind das Schneidigste, was man sich denken kann, denn ihre

Märchenhaftigkeit erklärt sich damit, dass sie aus der Quelle aller Wahrheit stammen, dem allerreinsten Sein, das mit sich selber eins ist ohnegleichen. Dir ist beschieden, dieses Denkens Attitüde als die deine anzunehmen, indem du dich von Mir begütigen lässest und die strahlende Bewusstheit, die Mir inne ist, auch dich ergreift, so dass sich dein Gedankenspiel zu überirdischer Gewandtheit wendet und Geschliffenheit im Räsonieren.

Hat sich deines Denkens Ausfall wunderbar verklärt, wird sich dein Herzgefühl in ungeahnte Höhen der Begeistrung schwingen. Denn, was klar ist, ist auch von der reinsten Liebe ganz durchdrungen, die dem Sein entströmt und sich mit der Gedankenflut verbindet, die allweltlich vielgepriesene Triumphe feiert.

Dein Befinden ändert sich mit jeder in dich eingezogenen Idee und wendet sich zu Unmut oder zu Entzücken, je nachdem, wie sie getinkt ist und bekömmlich oder ungeniessbar und gemieden.

Dein Dich-selbst-Bestimmen folgt der Perlenschnur von gütevollen Kostbarkeiten, mit denen Ich dein Sinnen reich begabe und zu blühender Geschicklichkeit entfalte, im alltäglichen Gebrauch, wie in den festlichen Allüren, die ihm Zusatz sind und seliger Zeitvertreib in einem.

So du Mich rufst, berufe dich auf das Gesetz der Gleichgestimmtheit, dem die Weltendinge unterstehn. Will heissen, dass die hohe Schwingung Hohes in dir anrührt, das Ich dir vergebe. Und das Höchste ist das Seinsgefühl, das einem reichbeflockten Lämmchen gleicht, das voller Friedefertigkeit einhergeht, Futter sammelnd und mit ihm Glückseligkeit des Seins in vollen Zügen. Ebenso bist du zur Sammellust berufen von Gedanken, die ins unermesslich Beglücken gehn. Sie führen dein Bewusstsein zu den Sternenräumen und damit zu Mir, der Ich in heiligem Verbergen hinter allem steh.

Glückselig, wem die Einsicht in die Wirklichkeit der Sphären ist gegeben, denn sie mündet in ein trauliches

Gespräch mit Dem, der Ist und Der sein Wesen über alles breitet, was Er sich erschuf. Alle Weisen finden sich in Seinswahrhaftigkeit und Wonne überall in Mir und Meinem hochgebenedeiten Namen.

3.27

Nicht deins, doch jedes Wort, das Mir vom Munde fliesst, soll gelten. Mach es bitte wahr, dass eine neue Sprachkultur ihr Auferstehen feiert in der menschen-weltlichen Geselligkeit und Frische. Eine Sprachkultur, die aus dem Seinsgedanken sich ergibt, der Ursprung ist von aller Leiblichkeit und aller Dinge Ziel. Kannst du's erfassen, was es heisst, direkt aus allerhöchsten Quellen Meldungen zu schöpfen, die von Weisheit triefen und von wunderbarem Ineinander-Übergehn?

Wer immer sich erbauen will, sucht eines Seinsgedankens Ausdruck und Befinden, denn es liegen Kraft und Würde, Logik der Gesinnung und Gesittung dutzendweis in ihm. Stellst du dich auf seine Seite, macht dich alles froh, was er besagt und der Traum von Ebenmass, Wahrhaftigkeit und Liebenswürdigkeit wird in ihm wahr. Über alle Grenzen schallt der Ruf der Geister, die die Menschenwelt in ihre Reiche laden. Denn es steht geschrieben, dass nur dorten wahre Einigkeit und Güte sich verbreiten können, wo Klarheit herrscht und Herzlichkeit im Definieren.

Ach, wie viel Wunden müssen noch verheilen, die die Sprachverwirrung schlug, und welche Wonne ist's, sich auf derselben Stufe des Gewahrens zu verstehen, als Geschwister und Versöhnte und ans Reich des Lichts Gewöhnte, wunderbar.

Schreite du voll Seinselan voran, indem du Mich erhörst und Mein Begründen eines allgemeinen Wohls im Seeleninnern derer, die sich selbst erwählt zum schauenden Begreifen haben. Es ist die Mitte Gottes, die sie finden, und das Mittel, ihre Freude am Gelingen anzuregen. Ebenbildlichkeit mit Mir ist eine Folge des Verzichts auf wohlerworbne Rechte, wie das Wühlen in den Menschengütern, denn dies bindet das Bewusstsein an den Krimskrams einer Kleinwelt, die nur Stütze sein soll im gezielten Aufwärtsschreiten.

Wähle und besinne dich dabei auf das Unendliche, das vor dir liegt und dem du still und sanft entgegengehst in innerem Reifen und Bericht-Erstatten über jeden Fortschritt, den du dir errungen.

Mach es wahr, dass deine Gegenwart ein Vorbild ist für das, was jeder Mensch erreichen soll in seiner Lebens-litanei von guten Taten. Auferstehn ist die Devise, und das Glück Elysiens vor Augen sehn, der Ruf, der deiner Seele Wohlklang und Befreien ist im Wunderbaren.

Christi Sein und Wesen

4.1

In Meiner Strategie verbreitet sich in jedem Kranksein schon das Wunder des Genesens. Je nach der Absicht, die Ich mit dir hege, zünd Ich dein Gutes wie aus heiterm Himmel an und prüfe deine Kraft des Reagierens. Warst du stark, wirst du gewiss noch stärker werden und dein Schwachsein wandelt sich, wenn du nur willst, in Seinsergebenheit und mildes Warten am Geschick, das dir gegeben. Immer kann das Kranksein inneren Fortschritt dir bedeuten, wenn du seinen Sinn begreifst und tief vertrauend Meines Waltens Wohlerwogenheit verspürst.

In dieser Sache kommt zum Zug, dass Ich dich liebe, denn Ich strafe nie, verwandle nur Gebrechen deiner selbst in Einsicht und Genesen.

Beständig ist es dir gegeben, dein Äusseres mit dem vollkommen heilen Menschenbild in deinem Innern zu vergleichen. Was Redlichkeit erschafft, bringt dich dem Vorbild nah, das Ich dir Bin und lässt dich mit Mir Freuden tanzen über das Gewonnene und Seinssubtile, dem du dich anheim-gegeben.

Einmal bist du dir so nah, dass alle Brünnlein der Gediegenheit, Holdseligkeit und Anmut in dir fliessen. Du darfst dich Es und Vater aller Gründe nennen im Ich Bin, das in dir wach und wesenhaft geworden; aller Weisheit inne siehst du dich im All aufs trefflichste geborgen und vollendest deine Seinsgeschichte mit dem Ah des Staunens vor dem Unermesslichen, das dir geschieht und das dich führt in die Erhabenheit glückseliglich erlebten Schweigens.

4.2

Was Ich erhebe, bist auch du in Meinem Weltgewissen sonder Schöne. Allgemach führ Ich dich wieder in den

Zustand reiner Ruh, indem Ich dich mit Meinem Seinaufs fabelhafteste versöhne. So nimmst du wieder teil an Meinem Mich-Erleben und atmest freier noch in Mir als je zuvor. Du trittst im unerschütterlichen Dich-Vergeben in eine neue Welt der Sendung durch Mein Tor. Dort hebst du an, in milden Psalmentönen deiner Herzenswünsche glänzendes Brevier zu singen, um alle Lauschenden in ihrem Dasein zu verwöhnen in überragend wundertätiger Manier.

4.3

Was ist Herzensfriede, wenn in ihm nicht ruhige Gewissheit waltet über das Verbundensein mit Dem, der sich in namenloser Liebe allen Menschen zugewandt und der in Christi Sein und Wesen die Barmherzigkeit und Güte in die Menschenwelt getragen. Stehst du in tiefem Leid, so ist Er immer da, dich innig, inniglich zu trösten und dir im stillen Dulden beizustehn. Was immer dich betrifft und dich verletzt, wird milder durch die Einsicht, dass dir Christi wundertätige Geduld vorausgegangen ist in Seinem Menschenleben. Er ist dein Hirt und spendet dir die Kraft, ein schweres Joch zu tragen in der Weise der Verklärten und der Heilgewordenen am Bruderwort, das Er gegeben. Heil, Heil, Heil sei dir im Strahlenlichte des Vergebens.

4.4

Andante cantabile mag nennen, wer so beschwingt mit sich selber einhergeht, neuen Ufern und Freiheiten zu. Das Leben, sei es wie es immer will, bringt ihm Ergötzlichkeiten von besonderer Art, an denen er sich selber wieder findet und neue Meisterschaft gewinnt im Zeitvertreiben. Nicht was er tut, doch dass er etwas tut,

will ihm dann wichtig scheinen und damit lässt er sanften
Fluges seines Denkens Adlerkreise über See und Lande
ziehn.

4.5

Herzensdankbarkeit vor allem ist's, was mich durchklingt
am schönen Tage des Genesens von recht intensiven
Widrigkeiten, die man als ein Kranksein ansieht und die
doch das Gesunde wirken, das wir gar nicht gern ent-
behren.
Gesprächig will Ich werden allsogleich, wie Mich die
Sehnsucht packt, dir zu erklären, welche Lebensseligkeit
Mein Sein durchflutet jetzt und immerdar. Von höchster
Warte aus gesehn, erscheint Mir alles Dasein als ein
millionenfaches Lautenspiel von zarter Süsse, über-
bordender Betriebsamkeit, erwiesner Herbe, wie in sich
gekehrter Schöne des Empfindens.
Wie dus immer willst: Von Höhen des Beglückens sprech
Ich dich leis, gefiedert an, die Seele zu entzücken und
berücken voller Einfalt des Gebarens. Einen Draht zur
Hoffnung sollst du finden, der dich Meinem Sang
verbindet von allheiligem Genügen, wie von Redlichkeit
und Unbeschwertheit des Gedankenlebens.

4.6

Du lehrst, so wie Ich dich belehre, und gebietest Achtung
vor dem Rang des Schöpferischen und Verspielten, in
den Ich jählings dich erhebe. Dort heiss Ich dich in über-
schauender Bewusstheit deine Zauberkreise ziehn und in
der Werkstatt der Verheissung Wunderwerke malen.
Klimmst du dich im Hochgebirg hinan, so schütz Ich dich
vor Absturz, wenn du nur in Meiner Weisung Wendigkeit

beweisest und deine Lust zur Tat sich Meiner anfügt in unendlichem Bewähren.

Schau dich an und schau genau, ob du noch einen Makel findest an der Weise deines Dich-Betragens und entsage in der Runde deiner Taten jeder, die dir Herzensaufruhr und Verdriesslichkeit beschert.

Tauche dein Befinden in den Himmel Meiner Güte und bereite dir ein Fest aus Seinsbeschwingtheit und Erhabenheit im Grünen. Füge, was du bist, zu Meiner Wohlgesetzlichkeit und Würde und halte deinen Freiraum offen, Meiner Fabelhaftigkeit entgegen. Ich liebe, was du bist, sowie dich keine Sorge mehr bedrängt und du verschwenderisch verstrahlst, was Ich dir gebe. Sei rein in Meinem Lichte und beweise dir, dass sich in Meiner Anmut fürstlich leben lässt im Schwunge märchenhafter Taten. Sei unbesorgt um dich und die Gewährnis deines Wirkens, denn alles, was dich so betrifft, trifft dich von Mir und Meinem süssen Aneinanderfügen seinsgerechten Handelns und Bestehns.

So sei, und sonne dich im Glück der Stunde, die Ich dir in Freimut und Entschiedenheit gewähr.

4.7

Die Grazie des Seins zu spüren ging Ich aus, und von Wonne und Beglückung überwältigt, find Ich Mich im Mich-Bestätigen als Wesen reiner Geistigkeit in wunderbarem Leicht-Sinn wieder. In elysischer Glückseligkeit und Zartheit weilend, will Ich, was Mir so geschieht, benennen als den Zustand des holdseligen Ergriffenseins von Liebe, Andacht, Licht und Tugend ohnegleichen.

Vieles andre mag Mir wiederum geschehn, doch dieses ist und bleibt die Krone Meines Daseins als in einer Wirklichkeit, die ohne Fehl und Fehde sich als makellos vollendet und beseelt erweist in wunderweitem Überragen.

Wie kann nur plötzlich solche Fülle sich ergeben? Wie kann das Meisterliche wieder uns umfliessen nach so langer Zeit des Darbens und des Missverstehns? Ich kann und wills nicht sagen, will nur loben, was mich so beehrt und was aus tiefsten Gründen aufsteigt als ein Dankgesang und unerschöpfliches Versöhnen. Wie reingefegt von allen Sünden fühl Ich Mich im Guten und Gerechten etabliert, das jeden Wankelmut besiegt und das in königlicher Eintracht mit dem Allerhöchsten frei einhergeht durch die Siegeszeiten.

Lust um Lust beginnt sich in der Frühlingsstimmenluft zu regen und das Adlige der Schöpfung hebt sich aus dem Morgenlicht empor, das alles mit dem milden Glanz der Lebenssüsse überstrahlt, von der wir doch so gerne zehren. Minne-sang ans Höchste, das wir um uns haben, und ein Lächeln für die Geister, die uns so beschenken und sich an die Menschenwelt verglühn. Redlichkeit des Weilens und Vollzug des Hoffens auf glückseliges Ergriffensein von paradiesischen Gefühlen trägt Mich in den Tag und hilft mir, ihn in Lauterkeit und unerschütterlicher Freude zu begehn.

4.8

Qhnegleichen nenn Ich Mich im Schweigen, das Ich rings um Mich verbreite; Letztgesetzter, der gewinnt das Rennen um den fürstlichen Pokal im Weltgewandtsein und Erhabensein vor allen Dingen, die die Menschenwelt betören. Immer läppert sich in Mir das Günstigste zusammen, das sowohl den Fortschritt fördert, wie die Freude daran, immer weiter auszuholen im Gefüge Meines Waltens und In-Mir-Bestehns,

Dass Mir dies gelingt, ist aus der Unerschöpflichkeit von Kraft und Sehnsucht herzuleiten, die Mich zum Schöpfertum an sich beflügeln und begeistern immer neuen Sternen zu. Das nenn Ich Absicht und Verlangen, was nie aufgibt vor dem herrisch angelaufnen Ziel und was die Kräfte bündelt und die günstige Gelegenheit erwartend, niederkauert, um dann wie die Kugel loszuschnellen, dem versammelten Triumph entgegen. Das Podest der Mitte ist Mir sicher, eh Ich noch den ersten Schrift getan, weil die Gesetze Meines Rauschens unfehlbar ins Meer der absoluten Seinserfüllung münden.

Ich Bin nicht irgendwer, denn Meine Werte stehen alle vor dem Komma, das das Unbedeutende vom Siegessicheren trennt und jene Marke setzt, die über Sein und Nichtsein klar entscheidet im unendlichen Rumoren.

Wisse dich zu Mir zu schlagen und beizeiten anzukommen nach verheissungsvollem Zug, den nur die Wägsten und Vertrauensvollsten unbeirrt zu Ende führen.

Wie wahr ist's doch, dass dem die Hände wie gebunden sind, der seine Fische in den Tümpeln der Vergänglichkeit zu fangen sucht. Es sind nur kleine drin, die kaum zu einer rechten Mahlzeit taugen. Im Ozean des Seins hingegen machst du reichen, sichern Fang, Verzagen tauschend gegen Wonne, Freudensänge und erhabnes Halleluja.

4.9

Im Denken frei, im Wollen an das Ziel gebunden, Bin Ich Mir Garant des guten Ausgangs Meiner Angelegenheiten.

Alles, was Ich wünsche, wird auch wahr, weil in der glänzenden Geschicklichkeit, die Ich Mir zuerkenne, immerfort Erfüllung liegt des vor Mich hin gesetzten Überlegens. Mir ist die Wissenschaft vom Sein gegeben, die alles einschliesst, was da in den Strom der Evolution geflossen ist aus abervielen munteren Kanälen. Das von Mir und Meinem Sein Erdachte IST und will sich in sich selber auch erhalten.

Hältst du der Prüfung stand auf Herz und Nieren in der Fragestunde, die Ich dir gewähr? Es offenbart sich viel Verborgenes in deinem Dich-Bemuttern und Beschönigen, wenn du dahintergehst, Wahrhaftigkeit und Güte als das Mass der Dinge an dich anzulegen. Welche Scham musst du verspüren, weil noch so viel Schmeichlerisches, Überhebliches und Unbarmherziges das Menschenbild betrübt, das Ich dir als die Krone der Vollendung vorgegeben.

So Ich will, erklär Ich Mir den Seidenglanz der Sterne, der auf allem schimmert, was Ich Mir beseh. Ja, Ich will das Einsehn, das Ich habe, vor der Welt erklären als ein Stirnmungsbild des seelenvollen Weilens in der Trautheit Meiner eignen Näh. Tiefe Seinsbeschaulichkeit hat Mich ergriffen, die gestaltet sich zum Freudenfeste des ereignisvollen Selbsterlebens,

Das Gewahren der Nuancen in der dargelegten Seinsstruktur gewährt Mir unermessliches Beglücken und Befrieden, weil Ich Mir so sicher bin und unbeschwert im Dasein ohne Grenzen.

Was Ich dir sage, singt ein Lied von absoluter Freie im Betragen. Zum ewigen Fest geworden ist Mein Dasein des Entzückens am Gestalten einer Welt von Aktion und Ruh, von Widersprüchlichkeit und Einssein, von Strapazen wie Behagen an Mir selbst in wunderbar geschliffnen Zügen.

4.10

So heb Ich wieder aus der Taufe Mich, als der der Ist und der wird bleiben mitten in der Welt des schattenhaften

Treibens. Ich labe Mich am eignen Pol und widerstehe der Verlockung, Mitleid mit Mir selbst zu haben. Nichts geschieht Mir, was nicht Ich verursacht habe, und so bau Ich Mir im Jetzt das Künftige, das als ein grosser Segen seinsgerechten Lebens in die Menschheit fliessen soll.

Es ist das Grusswort Meines Wesens, dass Ich jede Prüfling noch besteh und gestärkt aus ihr hervorgeh als ein Herold unerhörten Siegens. Ein Wunderwerk von Tapferkeit darf Ich Mir sein im Über-Mich-Verfügen und die Pläne des Allhöchsten walten lassen. Nimmer kehr Ich Mich nach dem, was hinter Mir am Horizont entschwunden.

Es ist der lautre Aufgang einer neuen Zeit, dem Ich die Hoffnung auf Gelingen weihe, wie die Kraft des Strebens nach Gerechtigkeit und Milde in den Tagen des Gedeihens und des allgemeinen Wohls.

Ich liebe, was da kommt als eine Neugeburt aus ewigem Begründen und wandle noch zum Guten, was es immer sei, indem Ich es zu Güte und Gelingen trage. Wie ein ewiger Maien breitet sich Mein willentliches Tun und Lassen über Meine Lebenslande und gefällt sich im Erreichen jedes noch so hochgesetzten Ziels.

4.11

Reden kann Ich nicht vom Sein, denn das ist allerheiligstes Verschweigen. Glückseligkeit an sich ist es, in der Ich schwebe, kummerlos Mir selbst zu eigen. Wache Trautheit des Befindens ist das Attribut, mit dem Ich Meinen Zustand feierlich belege.

Ich will dich stärken in dem Glauben, dass es möglich ist, in die erhabne Lichtheit reinen Seins zu steigen, indem du das Bewusstsein in Allweiten etablierst, wo du dich in galaktischer Gelöstheit findest und in wundervollen Schwebeleichtigkeiten.

Erzähl Ich was von Daseinslust und Schweigen, so reicht sich Wort um Wort die Hand, um Wonne auszusprechen, die Mich so beseelt, und Unbeschwertheit auf der Spur des friedevollen Weilens. Stilles Wachsein ewigen Wohlbefindens prägt Mir des Lächelns Unschuld ein, mit dem Ich Mein Gemüt begabe. Leuchten darf das Antlitz, wo es darstellt das Unendliche, das in Mir ruht und das Mich ganz mit Wärme und Gelassenheit begütet. Preisen will ich, was Ich so erreiche, herzensfroh und dir die Hand zum Bunde reichen, dass du dich ereiferst ebenso zu werden, um in inniger Beglückung da zu sein in einer Woge der Begeisterung, die alle Seelenvollen so ersehnen.

Dem Tempel weise Ich dich zu, wo Allerheiligstes geschieht und wo die Pläne des Allhöchsten sich erfüllen. Dorthin reise du im Schoss der Meditationen, die du täglich mit dir führst, zusammen mit dem Weltgewissen, das in dir sich über alles breitet, was du im Gedankenschweigen makellos erkennst und dir zu Eigen nimmst in wunderbarem Danken. Öffne dich, und Licht und Liebe werden in dich strömen. Sei und sei ein Muster an Glückseligkeit und himmlischer Gelöstheit von des Liebesgottes Gnaden.

4.12

Hundert Fragen, eine Antwort, dass Ich Bin hoch über allen Nöten auf der aberlangen Wanderschaft zum Ziel. Eine Botschaft und ein Raunen aus den Ordnungen Elysiens, die in ewigem Jubel ihre Andacht feiern vor dem Einen, das in ihnen webt und lebt und dem sie strahlend ihre Dankbarkeit erweisen. Sie haben aller Gründe Grund gefunden und erlaben sich am Wunder des Vereinens aller Gegensätzlichkeiten.

Ein ständig Lichtfest ist ihr Dasein, eine warme Lohe der Begeisterung am Sein in feierlicher Minne, hochgemuter Milde und beglückendem Elan. Ein ständig Wachsen ist's empor zu neuen Wirklichkeiten, ein Besinnen sich auf segenvolle Tänze im holdseligen Lächeln des bewussten Weilens, wesenhaft und schön.

4.13

Erkennen, dass du Bist heisst, die Gedankenflut auf neue Weise zu beleben, die Sicherheit und Seligkeit bedeutet. Du wiegst dich in ihr wie in lauen, lautern Frühlingswinden und geniessest jeden Augenblick, den sie dir so gewährt in wunderbarem Einklang mit der seienden Natur. Es ist der erste aberwillige Schritt ins Ewige, wo uns die Gnade des Erlöstseins und Erhabenseins zuteil wird, ohne Grenzen und im Einklang mit dem Sein, das Ich Mir selbst geworden.

So leicht und schwer zugleich, Es zu erreichen und in der Schwebe zu erhalten des holdseligen Weilens. Jedes Reden über das, was Ist, ist schon zu viel und stört den Zustand der Allherrlichkeit, in dem Ich Mich befinde und aus dem schon der geringste Anlass weltlichen Gepräges Mich hinausführt aus dem Absoluten: Vom Einen in das Viele und vom Makellosen in das Trügerische von Zeit und Raum im all so wankelmütigen Leben.

Doch gräbt ein jedes Dortsein sich dem strahlenden Bewusstsein stärker ein und lässt es die Erinnerung leichter finden an das zutiefst Beglückende, das Ist und das die Krönung darstellt jeden Menschenlebens. Du wendest deine volle Kraft dahin und einmal wirst du in ihm bleiben in Bewusstheit, Wonne und Erhabenheit holdseligen Verweilens.

4.14

Durch die Pilgertür ins Sein hinauszugehn, ist eitel Wonne, die Ich in Mir trage. So tret Ich strahlend aus der Werdewelt empor in Urweltgründe und Bin der Überlegte und Belebte Meiner Selbst im Wunderbaren. Zeugnis leg Ich ab von hierarchischer Besonnenheit, die von Mir überströmt in die Parade grosser Geiste; die seinserfinderisch in Meinen Diensten stehn.

4.15

Es gibt nur das ICH BIN, um eines Menschen letzte Würde und Glückseligkeit wahrhaftig zu begründen. Da fallen alle Schranken und Behinderungen vor dem einenstrahlenden Erkennen, dass das grenzlos erhabne Sein in allen Regionen des Bewusstseins ganz dasselbe Ist und dass es immer in sich selber Absolutheit, schöpferische Freiheit und schlussendlich ewiges Frohlocken findet, Ja, das ist und bleibt für jedes Menschenwesen so, doch will es erst erkannt sein im geheimnisvollen Labyrinth der Seelentiefen. Kraft von Kraft ist da vonnöten, unerschöpfliches Vertrauen, Gehorsam und Respekt, den unsichtbaren Mächten gegenüber, die uns immerzu gar leis und fein durchströmen.

Welches Jubilieren fällt dich an, sowie du in des Schweigens Heiligtum und Heilkraft ruhst, ganz der Betrachtung deiner Wesensmitte hingegeben.

Fraglos und beseligt bist du eine Insel reinen Dich-Verstrahlens in der Welt des Ewigen, die du erreicht und die dir fortan angehört in vollen, reichen Zügen.

Du darfst dich künftig ohne Zögern Seinserlöster nennen, Wissender und Wirklicher der Sphären und darfst dir selbst beweisen, dass kein Jota deines Selbstbewusstseins untergeht, solang du hellwach dich erinnerst an das Heil und die Berufung, die in dir geboren. Lichterloh begeistert Bist du an dem Einen, das dich stählt und aufrecht hält in deiner Wanderschaft durchs Leben. Kein Ereignis mehr kann dich betrüben in dem Sternenwohl, das dir in Mir beschieden. Wie ein Fühlingssonnenstrahlen zieht das Freudesein in dein Gemüt und taucht es in die Atmosphäre reiner Friedefertigkeit, die es sich lang ersehnt und die ihm nun zur hellen Wirklichkeit geworden.

Heil der geliebten Schau auf was du Bist in Mir und Meinem Dich-Begründen. Liebevolles Hingewendetsein zum Ursprung aller Dinge, der durch alle Zeiten wirkend und beseligend das All regiert.

4.16

Dass Ich Bin ist Mir der reizendste Gedanke, der sich blühend breit macht mitten im Unmass zeitgeschichtlichen Geschehns, das Mich umflutet und bedrängt und zugleich weise macht im Wunderbaren.

Eingebettet in die Pracht des Absoluten, weihe Ich Mein Sein dem Lockruf der Glückseligkeit, die reinen Klingens da ist, wo Ich Bin und sich im Nu des blitzenden Gedankens ins Allüberall verbreitet, das Mir zur Verfügung steht.

Es ist, dass Ich die Schwelle überschritten habe zur Gewahrnis reinen Seins, das Ich Mir Bin und das Genüge ist an allen Meinen Wünschen, Meinem Trachten und Bestehn. Nach all so langer Irrfahrt angekommen an der Stelle des Beruhns, beseligt sich die Seele an sich selbst, indem sie unvermittelt ihres Freiseins Würde kostet. Hier gilt als abgesegnet und vollbracht, was doch so lange währte, hier ist die Krönung der Kapitel eines langgedehnten Werks getan, um das sich Generationen mühten.

Es geht die Sage von dem Ritter der Genügsamkeit, der nicht mehr will, als er soll, und der sich auf sich selbst besinnt in seinen Tagen. Das Geheimnis des Erfolgs ist, alle Dinge sinnvoll auszutragen und das Eine nach dem Andern in gesitteter Gefolgschaft bis ins Graziöse zu vollbringen, was heilige Geduld erfordert und wohlbedachten Helferwillen, die zu Allem bis zum Letzten treu und mutig stehn. So geschieht's, dass alle Dinge sich am rechten Ort befinden und Gesäuertes nicht mit dem Faden sich vermischt zu einem ungebührlichen Gebräu. Es trägt die Achtsamkeit sich wie von selbst zum strahlenden Erfolg hinüber und bemüssigt sich in seiner Weise, dem Hang zur Lässigkeit nicht nachzugehn.

Wohlgestimmte Ruh nach langem Trachten ist nun Anerkennung und Beglückung zugleich im bewussten Dich-Erholen. Meisterschaft im Überschauen des Erreichten sollst auch du erreichen und dich segnen lassen von der Lieblichkeit der Musse, die dich fein umfächelt und dein Dasein wie ein glitzernd Diamäntchen ziert.

4.17

Günstig für Gespräche mit dem Herrn der Welten ist die Nacht der Sinne, wo die Sonne der Erkenntnis voll zum Zuge kommt und sich das Missverständnis löst, das uns im Sinnenweltensein gegeben.

Im Zustand des Erhabenseins sag Ich in andrer Weise Ich zu Mir, als wenn Ich Mich mit Sachverstand durch den gewohnten Alltag dirigiere. Ich Bin hat dann Bedeutsamkeit fürs Ewige, in dem Ich wahrhaft wese.

Die Überweisheit trägt Mich hin, wo's sein soll in den Sphären. Von Fall zu Fall gibt Es bedeutende Impulse, die Mich in Seine Richtung ziehen lassen. Ich selber bin im Grund nicht mehr, wenn Es die Feder führt in luftig duftigen Händen. Ich fühl's und weiss: Es führt Regie an aller Welten Enden.

4.18

Charmantes und Beseeltes lässt sich aus der Gegenwart des Seins erfahren. Alles und das All gewinnst du aus der Sicht auf Es in wunderbarem Einklang mit der ewigen Natur. Du lädst dich ein zum Sein an sich in Heiterkeit und Selbstgenügen, Harmonie und schöpferischer Kraft vor allen Weltendingen. Als geläutert und gewogen stehst du da inmitten einer Herrlichkeit der Sphären, die Begeisterung gebiert, Vertrauen und Beseligung am Werk der tausend Künste, das da offen vor dir liegt.

Die Empfindung reinen Seins bedeutet deiner Seele viel von ihrer wahren Würde und Bestimmung im Gewoge der Gegebenheiten. Dieser Gegenüber teilst du alles andere dem "ferner liefen" zu und lässest dich von ihm nicht mehr beirren. Du weidest dich am Schönen, das dir so geschieht und anerkennst die Güte einer Welten-herzlichkeit, die hinter allem steht, was Ist und was dir so verschwenderisch die Hände füllt mit seinen Wunder-gaben.

4.19

Zweifellos umschwirrt dein Haupt ein Schwarm von quälenden Bedenken, wenn du deine Lebensdinge ord-nen willst nach Fug und Recht und nach Bekömmlich-keit, wie sich's gehört und wie du's wünschest allzumal. Das ist der Zustand, der dich an das Relative bindet und dich in so vielen Fällen keine echte Lösung finden lässt für dein Problem. Da gilt es, kühn und unbeirrt ins Absolute vorzustossen, das Ich Bin und das an Klarheit des Bewusstseins, an Wahrhaftigkeit und Weisheit niemals übertroffen werden kann. Es befreit von sorgenvollen Nützlichkeitsgedanken und erstahlt im reinen Glanze des Erhabenen, der alles ungesäumt zum Guten führt, was Ist und was bestimmt ist, die Vollendung zu erreichen.

Nichts weiter als Ich Bin brauchst du beständig vor dir her zu sagen, um im Kampfe um dein Heil als Sieger zu bestehn. Und wenn du weiter dir erklärst, Ich Bin die Liebe zu den Lebensdingen, öffnest du den Himmel des Begreifens über dir und schaust in eine Welt von reiner Zuversicht und unerschütterlichem Seinsvertrauen.

Hat die Liebe dich ins Sein erhoben, ist dir alles wie die lichte Klarheit im Azur. Deiner Seele Sagen ist ein einzig Jubilieren ob dem Glück, das ihr geschieht im Einzigartigen, und ob der Unbeschwertheit, die sich sanft und mild in ihr verbreitet.

Bist du mit dem Sein verbunden, klingen dir die Lebenstage wie gesellige Lieder leichtbeschwingt ins Ohr. Du hüpfst in Freuden vor dich hin und kennst nur die Begeisterung und Leichtigkeit am Leben. Was dir frommt, hast du getan und darfst dich zu den reich Begabten und Beglückten zählen. Wahrlich sag Ich dir: In dieser Stunde ist dein Heil besiegelt und beschlossen, dein Besinnen ruht in lichten Gründen und bestätigt dir die Sicherheit des Absoluten, die dich ganz durchtränkt und hebt und adelt und dir Lieblichkeit und Grazie des Seins verleiht in wunderbar gediegnem Strömen. Du Bist und hältst die Fahne hoch des Sieges in der wahren Wirklichkeit, in der sich alles abspielt nach dem Willen des Allhöchsten, der in dir zum Zuge kommt nach der Bewegtheit deines Herzens, und der Aufgeräumtheit, die es sich gewährt.

Ganz der Freude hingegeben an der Wohlfahrt des Geschicks in deinen Jahren, stehst du voll des Dankes da und lässest dich von Licht und Segen überströmen.

Lauterkeit und Fülle sind dein Los und lassen dich in reichem Mass die Gnade der Glückseligkeit erleben.

4.20

Kannst du dich erkennen, treten alle Dinge in den Hintergrund, die dir vordem so wichtig waren. Ihnen gegenüber Bist du deiner eignen Meisterschaft Brevier und verkündest Klarheit der Gedanken, Sicherheit des Seins und stetes Wohlgelingen dessen, was du unternimmst in deinem Über-dich-Verfügen.

Strahlende Bewusstheit ist dir eigen ebenso, wie unbedingte Treue deinem Vorbild gegenüber in den hell gewordnen Seelentiefen.

Du gewährst dir nur, was Es dir an Gewährung hingegeben. Du schüttest aus, was aus der Fülle kommt des Überragens aller Niedrigkeiten und bewährst dich nach dem Mass des Absoluten, das dein Ein und Alles ist geworden.

Kennst du dich, so ist dein Wesen als ein Bräutliches mit dem vermählt, der Ist und dessen blinkende Standarte du mit jedem Schritt voranträgst, den du unbekümmert gehst und in die Reihe stellst der Schritte, die die Welt erobern und das Sein in höchsten Sphären noch dazu.

Ewiges Blauen präsentiert sich deinem Blick im reinen Wirklichkeits-Erfahren. Das Sein ist wie die volle Traube, wie der heitre Überfluss, das Unbeschwerte und Begeisternde an sich im Wunderbaren, das du durch und durch erlebst.

Teile, heile und verwalte, was dich so beseelt im Sinn der Menschlichkeit, die mählich, mählich wird zu ihrem gültigen Soll und Haben sich erheben.

Gerade du fliegst wie der Adler frei dahin voll Verve und tatenbringendem Begehren. Licht des ewigen Tages lässt du fliessen über dein Revier der tausend schillernden

Ergötzlichkeiten und erfühlst dich als der König der glückseligen Genügsamkeit mit dem, was dir anheimgegeben.

4.21

Gedankenleere, Stille, Schweigen sind die Attribute eines Tuns, das alle Weltgewandtheit überwiegt und das Erleben offenbart in übersinnlichen Bereichen.

Nichts weiter, als was in Mir lebt und webt und seine Kreise zieht, will Ich beschreiben und als Ausdruck der Geselligkeit bezeichnen, die Ich mit der Geistwelt pflege. Da gilt einzig die Erfahrung, dass sie Ist und dass sie die Bewertung der Gegebenheiten umstellt, wie man Plus mit Minus wechselt nach dem Neu-Sinn, den die Worte haben. So gehört das Plus der Wirklichkeit, in der Ich wese, und das Minus der gewaltig ausgedehnten Illusion, in der noch die Gemüter aller Unerlösten und Getriebenen befangen sind. Es gibt kein Rechten, was da stimmt, denn die Befangenheit kann auch mit grösster Denkkraft und Vernünftelei das Sagenhafte nicht erkennen, das im All-Bewusstsein liegt und im Ereignis einer Klarheit ohnegleichen, die dem Schauenden gewährt ist auf der Götterspur. Doch Ich sage: Jeder Mensch kann dies erreichen, dies Verwandtsein mit der seienden Gebärde des Allhöchsten, ohne jeden Abstrich, ohne jedes Weh.

Verwandelt sind die Dinge deines Lebens, wenn du Bist und aufrecht vor dir dastehst als das Wesen der Bekömmlichkeit am Dasein, des Vertrauens auf die höhere Führung durch den Dschungel der Alltäglichkeiten, wie als Heller und Gelassener aus dem gar weite Flächen deckenden Spital.

In die Freude Gottes vorgestossen ist die Seele des Gerechten an sich selbst, wenn sie zur Demut sich entschlossen hat vor dem Unendlichen, das in ihr lebt und das allein ihr Sein bestimmt und Weben. So ist sie nichts und alles zugleich in der rechten Wertung ihrer Eigenart und darf sich selig nennen, wenn sie die Dinge unterschieden hat und ihrer Wahl gemäss im Lichte steht des Unergründlichen, das so viel Wonne und Erhabenheit gebiert.

Tief gefasste Ruh verbreitet sich in dem, der schweigen kann vor seiner eignen Blösse, der die Lichter des Verstands gelöscht hat, um die Strahlensonne der Allweisheit über sich zu sehn. Seinsbeglücken ist zu nennen, was den Erwählten überkommt wie eine Sturmflut der Holdseligkeit im Anderssein und in der Tröstung, die ihm dies gewährt.

So gehen alle, die das wollen, einer Herrlichkeit des Seins entgegen, die das Menschentum verklärt und zur Vollendung bringt nach den Gesetzen, die es durch die Zeit bewegen. Nur die Sehnsucht nach dem Glück ist ihr Gespür fürs Rechte, das es schliesslich doch erreichen soll durch Gnade und Erschliessung jener Kräfte, die noch schlummernd in ihm wesen und der Auferstehung harren. Herr, sag Ich, so sei's und - bleibe doch bei Mir.

4.22

Liebewärme hält Mich auf der Bahn der Wohlbekömmlichkeit, in der Ich wese. Eine Trautheit ohnegleichen mit dem Sein befähigt Mich, ein Lobgedicht von Freie und Frohlocken herzusagen. Ich Bin, und das zu wissen schenkt Mir eine Seligkeit von Himmels Gnaden, die Mich wunderbarerweis durchströmt und Mich besänftigt, tröstet und erhebt.

Es ist dann alles wohlgeraten und gekonnt, als was Ich Mich erlebe. Als unfehlbar darf Ich Mich ohne weiteres bezeichnen und als Künder einer Wahrheit, die verhält.

So ist Mein Menschliches um eine Stufe angehoben und schöpft neuen Sinn und neue Hoffnung für ein zielbewusstes Weitergehn.

Es lacht die Sonne Christi Mich von innen an und weist Mir neuen Weges silberhelles Strahlen. Tief beglückt schreit Ich dahin, wo Mich die Auserwählten, Unbekümmerten und Weisen schon erwarten. Was alle Weltenklugheit lehrt, ist vor Mich hin geschrieben und befähigt Mich, das Richtige, Wahrhaftige zu tun, bar jeden Wankens. Ich lehne Mich hinaus ins Allbewusste und gewahre eine Schönheit und Erhabenheit, die sie in ihrem Licht versammelt und verstrahlt und allen zuhält, die es freudig auch begrüssen.

Nun seh Ich Mich vollends im Reinen einer Sphäre von glückseligem Aufenthalt und seh, wie sich die Seele daran labt, die Bräutliche zu heissen, in dem Feste des Vereinens mit den höchsten Kräften im Azur. Es geschieht Mir ein Verwandeln ins vollkommene Dahin-Mich-Geben, wo der ewige Tag erblüht und wo die Wesen lichter Klarheit durch den Äther reisen. So beglückt und so gestärkt, so sicher und gewandt Bin Ich in Meinem Mich-Begründen, dass kein Jota eines Wunsches mehr besteht und alle Brünnlein Meines Sagens von Erfüllung und Vollendung jauchzen.

Das ist nun die göttliche Vernunft, ob der sich alles so gestaltet, dass die Güte draus ersteht und dass das Schöne unbedingt zu seinem Recht kommt in den Reichen des Gehorchens und Verstehns.

4.23

Ich Bin und finde Mich in Schönheit wieder, wo das Lichtvoll-Strahlende zum Weilen ruft und wo die guten Geister sich um Mich versammeln, Meinem Sein die Krone aufzusetzen im erstrahlenden Azur.

Bin Ich so gestillt und so erhoben, läuten alle Glocken Mir den Seelenfrühling ein, der sich in Freude und Gelassenheit vollzieht und nimmer endet in der Klarheit des Begreifens einer Welt von Zartheit, Unerschöpflichkeit und Reinheit des Agierens. Ruhig hoffenden Gewissens trau Ich Mich der Sternwelt an, die Mir die Blüte des Erlebens liebevoll zum Kranze ficht und Mir die Wege ebnet, die Ich wie durch Zaubergärten geh.

Ich überschaue, was Mir frommt in Meinen Tagen und verrichte alles nach Gesetz und Billigkeit und Weisheit des Gestaltens, nach der Unverfrorenheit der Seinsgeborenen und endlich nach dem Duft der Lieblichkeit des Seins, der Mich erlabt nach wundervollen Noten.

So wie Ich Bin, erfüllt sich eine Saga des vollbrachten Menschenwerdens, das wachend und bejahend seine Jubelkreise zieht im Ätherblauen. Merk dir dies: Es sind die grossen, weiten Schwingen des Vertrauens, die dich tragen; die Augen des Erkennens sind's, die dir die Weltennacht zum Tage machen und das Herz voll Liebe, das in Zärtlichkeit für alles Seiende entbrennt, um es zu stärken und zur himmelweiten Freude anzuregen.

Ich Bin, und habe dazu weiter nichts zu sagen. Geprüft Bin Ich und gut befunden in des eignen Loblieds Melodei im Unergründlichen. Glückseligkeit Bin Ich, sowie Ich Mich ermanne, ganz Mich selbst zu sein, um damit das Gewölbe der Unendlichkeit voll Anmut mitzutragen. Ich Bin das Sein und atme Friedensluft in allen Sphären, die Ich mild durchgleite und denen Ich voll Güte Meines Wesens Liebesgruss verleih.

So sei's, dass Ich die Weite des Bewusstseins um das All verbreite und es sanft umschliesse, lieb und gläubig, zart und lichterloh. Es ist ein Preisen und ein Jubilieren, das Ich ihm aus ganzer Seele angedeihen lasse, und dann wieder heiligen Schweigens Minne, die Mich unversehrt und wohlbedacht in Meiner Mitte thronen lässt im ewig

guten und gerechten, ewig wonnevollen und beglückten
Heitersein im Lächeln der Äonen.

4.24

Seinszusammenhänge finden, ist das sinnerfüllteste der
Ziele. Nah und näher an die hehre Schau des Absoluten
zu gelangen, ist der langen Wanderschaft erklärte
Hoffnung und ihr Hochgeleit in meisterlichen Zügen.
Was du vordem immer warst, erkennst du nun in offen-
sichtlichem Gewahren und beschreibst es als das höchste
aller Güte; das sich dir in einem reichen Gnadenstrom
ergibt.

Du hast, weil du's geschenkt bekommst, ein Sein von
immanenter Güte und von allerfüllender Präsenz im
Wunderbaren. Das Heilige nennst du beim Namen, weil
es dich vollends erfüllt und deinen Zügen Makellosigkeit
und Traulichkeit verleiht. Als Seinsgebenedeiter darfst
du dich erklären, als Beglückter in der Götter Stil und als
Erhobner zu den Sternen, die den Weltenaugen noch
verborgen sind.

Du Bist und weisst dich als der Träger und Bewahrer des
alladligsten der Namen, Deine Wehen sind gestillt und
dein Befinden ist die Inbrunst des Bewunderns einer
Lieblichkeit des Lebens ohnegleichen, einer Fahrt durchs
Ewige von so beglückend reinem Klingen, dass die
Wünsche alle schweigen und die Stille leisen Flugs zum
Dom der Andacht sich erhebt, Glückseligkeit und Wonne
zu verbreiten.

Seinsbewusstheit ist das Ein und Alles, das der Mensch-
heit soll gehören, ist ihr in das All geschriebne Welten-
ziel. Die Erlösten sind's, die sie schlussendlich dorthin
führen, wo die reine Freude west am Sein und wo die
guten Geister ihres Zustands triumphierende Behüter
sind im Einen, dem sie vollends angehören.

Was die Zärtlichkeit auch immer sich erfindet, hier ist es getan im Reich und Reichtum der Gemüte; in der Unterweisung, die sich zwischen Wesen reiner Herrlichkeit vollzieht, wie im Beglücken, das sie sich gewähren. Edelmut und Grazie bestimmen das Verhältnis zwischen den Im-Sein-Erwachten, die sich wahrhaft Götter nennen dürfen und die mit dem Siegel der Erhabenen bezeichnet sind. Sie walten und erhalten, tragen und erlaben aus der Fülle ihrer seienden Gewalt. Sie mehren allen Weltenwohis Verfügen und Genügen. Sie gewähren und bewähren sich in unerschütterlichem Thronen auf den Bergeshöhn der Weisheit und der Güte des Gestaltens, des Gerechtseins und der Milde im Bewerten der Gegebenheiten. Ihnen fallen Leichtigkeit und Würde zugleich in den Schoss und mehren ihr Begaben, Freundlichkeit und Zuversicht von sich zu strahlen.

Mit Licht und Friedefertigkeit bekränzt sind sie die Künder und Begründer fabelhafter Zeiten, wo die Herzensgüte herrscht, die Genialität des Schöpfertums, sowie das sanfte Lächeln der Verklärten.

Weide dich an ihrem Anblick und geh selber auf die Weide, wo die Blümchen blauer Sanftmut stehn und dir Entzücken und Holdseligkeit bereiten, Sei - und schon Bist du verwandelt in das Eine, das da west und das Erlösung, Liebefähigkeit, Vollendung, Dankbarkeit, Triumph, Vollendung, Grazie und Weltenherzlichkeit verstrahlt.

4.25

Von der Gondel der Glückseligkeit in fabelhafte Höhn getragen, Bin Ich Mir des Seins erwiesener Gefährte wunderbar. Ausgegossen ins Bewusstsein der Allherrlichkeit, bedeute Ich Mir, was dem Sternkreis ansteht zu bedeuten. Lichte Wachheit prägt das Sinngedicht, das Ich vor Mir verbreite und im schönen Schauen zur Vollendung hingeleite.

Des Lebens Trefflichkeit erzeigt sich Mir im Spiegel der Wahrhaftigkeit, die Mir das reine Sein verkündet, dem Ich alles Wohlgefühl der Welt verdanke. Aufgeschlossen dem Geheimnis der Unendlichkeit Bin Ich aufs zärtlichste geborgen, wo Ich Mich befinde und Mich am Gut des Daseins königlich erlabe.

Kennt Mich Gott, so fliesst Mir Stärke zu vom Wesen reinen Seins, dem Ich schon immer angehöre und das Mir alles ist, was Ich an Wünschen und Erfüllbarkeiten je geäussert habe.

So geh Ich Mich dem Unwahrscheinlichen dahin, das Ich in Minne und Gelassenheit, holdselig und getröstet Bin, und bewahre Mich im Schutz des Allerhöchsten, das da Ist und dem Ich in natürlichem Begründen angehöre. Das Eine gibt sich selbst die Hand in Mir und heisst sein Eigenes willkommen in erwartungsvollen Sphären.

Als Beirat Meiner selbst schöpf Ich der Weisheit Seim aus Fülle, Unerschöpflichkeit und Überragen. Ich trau Mir Meisterdinge zu vollbringen zu und sende Meines Schaffens Strahl in alle Weiten der Allräumlichkeit von eigensinnigen Gnaden. Wunderbares seh Ich aufblühn, mählich reifen und verwehn. Vollbewusst erleb Ich sein Bewegen und leb bewusst im Spiel der Myriaden, die Mein Eigen sind und Mein erspriessliches Idol.

Die Liebe leg Ich in Mein Walten, die Treue in Mein Tun, und alles, was Ich will, will Ich aufs zärtlichste erhalten und wirke dazu noch sein eigenes In-sich-Beruhn. Ich trage Werte zu den Werten, die schon in reicher Fülle ihre Pracht vertun und steh zu allem, was Ich Mir erschuf und was Ich in allschöpferischem Wohlgefallen um Mich sammelte mit all so liebevollem Ruf. Ich bringe wieder ein, was Ich ins Wirkliche getragen, und stärke, was der

Kraft bedarf in hochheitsvoller Zeit. Dann segne Ich, was Mir gelungen und heile, was sich eine Wunde schlug und Bin ihm immerdar verbunden, ob es in Wahrheit wandelt oder hochgelahrtem Trug. Zur vollen Reife will Ich treiben, was noch unentschlossen in sich gärt, und will bewusst bei allem bleiben, bis es unendlich lichtvoll sich bewährt.

Freude, Sanftmut, Liebe will Ich gründen, wo es auch sei in Meines Seins Revier, und will die Grazie der Versöhnlichkeit verkünden im Schweigen der Gottseligkeit wie im bezaubernden Allhier.

4.26

Hier sein und das Ewige gewahren ist ein Glück von auserlesner Güte und begründet einen Seelenwohlklang von so seidenweicher Süsse, dass Mein Sein sich als vollendet leicht und licht erweist in unnachahmlich liebevollen Zügen.

Hast du das Lächeln der Unendlichkeit erfahren, weisst du um den letzten Wert des Daseins und verbindest deine Dankbarkeit mit dem erklärten Willen, allem gut zu sein, was du erreichen kannst im Kreise deiner Aktionen. Balsam bist du für die Welt, sowie dein Seinsbegreifen Richt und Ziel erreicht hat, wie Ichs meine und die grossen Geister es befördern, kraftvoll, weise und gediegen.

Mehr kann Ich gar nicht wollen, als Mein Wirkliches zu sehn, Mein Allverbindendes und Meiner Schwachheit Stärke, die noch siegt, wo alle fallen und bezaubert und verwundert dort einhergeht, wo die Gärten der Holdseligkeit ihr köstliches Arom verbreiten.

So Bin Ich bestens aufgehoben, wo die Sterne der Verheissung Gnade bringen und die zartesten Gemüter Mich mit Hingegebenheit und Grazie umgeben. Nie hab

Ich wohler Mich gefühlt als in der Wogenei der Sphären, denen Mein Bewusstsein zugetan und die Mir Weite, Unbeschwertheit und Glückseligkeit bereiten. Heil im Heilen, Wirklichkeit im Wesensgrund darf Ich erfahren und bezeugen, wie gelöst und heiter Mir die Welt erscheint im Zeichen reiner Wohlbekömmlichkeit und Harmonie.

Kannst du's erfassen, was es heisst, das Darben hinter dir zu lassen und im Schauen weiter nichts als Licht und Freude, Klarheit, Freundlichkeit und Minne der Verklärung zu erleben. Voll Liebe sink Ich hin und strahle, was Ich strahlen mag, die Seinsbeseligung in alle Weiten, dass auch sie's erleben, was Mich prägt und was der Inbegriff des Schönen ist im Seinserfahren.

Schweigen ist die Antwort auf so viel; seliges Verweilen die Gebärde für den Zustand, den Ich Mir erkoren. Schwebeleicht gleit Ich dahin durch Räume überird'schen Glänzens in bezaubernder Manier, die Mir so traulich sind, wie wohlgestaltete Gemächer, die von Schönheit und Getragenheit erzählen.

So wandle Ich dahin in Meinem Mich-im-Sein-Ergehn und seh kein Ende Meines Wohigeratens. Ich Bin und weiss Mich durch die Zeiten seinsgetragen all so lang wie sie seit unerschöpflichen Äonen.

In Schlichtheit endet Meines Sagens Spur und neigt sich vor dem Unsagbaren, das in allem west, was Ich Mir selbst bedeute und dem Ich huldige in liebevoller Seelenzärtlichkeit und reiner Grazie des Weilens.

4.27

Umhergewandert und ins Sein gestiegen, Bin Ich Mir das offensichtliche Genügen an Mir selbst im Übermass der Freuden, die Ich nun geniesse. Ausgegossen in Allweiten ruh Ich seelenselig im Bewusstsein Meiner selbst, das Ist, und das Unendlichkeiten in sich birgt in wunderbar erhabenem Ertragen.

Leichte des Gemüts im Morgenstrahl, glückseliges Erwachen in die Wirklichkeit des Daseins, hellwach und erfahrend, dass Ich Bin in unversieglicher Begeisterung am Leben. Himmelszärtlichkeit und tief beglückendes Verweilen bringen Mein Gemüt in einen Zustand lächelnden Sichselbst-Gewahrens, das in einem Wohlbefinden endet von getragnem Wonnesein und lichterfülltem Mich-Erlaben.

4.28

Getröstet und gestärkt Bin Ich von allem, was Ich nächtens in der Überwelt erfahre. Alles Leidige ist weggewischt von Mir, und eine Freude ohnegleichen ist in Meinem Herzblut eingezogen. Als Seinsgetreuer will Ich Mir dies zugestehn im Makellosen, das Ich nenne und im tiefsten anerkenne als das Element, dem Ich in Wirklichkeit und Wahrheit angehöre.

Meine Runden dreh Ich, äusserlich und zugleich innerlich gesehn. Ein unerhörter Fortschritt ist's, in beidem dich zu finden und damit im Wesenhaften einzuziehn. Manche Würde ist dann nicht mehr gross vor der, die Ich im Seligen begründe, das Mein Ideal und Meine Zuflucht ist geworden. Hier Bin Ich, was Ich sein soll seit Urzeiten und ertrage voller Anmut die Gegebenheiten des Geschicks, die Mich dauernd weiterführen zu bedeutenderen Rängen, Klängen und Bezügen zum Unendlichen in Mir.

Dies zu feiern, weck Ich Meine schönsten Triebe und erlahme nie, was recht ist auch zu wollen und das Wohlerwogene zu tun.

Läuterung ist die Devise, die mit Flammenschrift vor Meinen Augen steht und Mich ermuntert, Mich durch

Demut und Bescheidenheit herzinnig zu bewähren. Aller Ruhm gehört dem Höchsten, das Mir alles schenkt, was Ich Mir Bin und was Ich Mir bedeute. Jede Kraft und alle Stärke kommt von Ihm und lässt Mich seelenvolle Sicherheit erleben in der Zuversicht, mit der Ich Meinen Weg des Heils, der hellen Nächte und der Heiterkeit des Seins beschreite. Alle Lieblichkeit der Welt ist in Mein Herz geschrieben, wenn Ich so Mich fassen kann und Mich im Hier allwie im All erfühle und in Wesenseinigkeit vereine mit dem Unerforschlichen und Gütigen, das alles trägt und hütet wunderbar.

Ich setze Zeichen des Erfolgs, indem Ich Meinen Seinsideen folge. Ich liebe Meine Welt, weil sie dieselbe ist für alle, die da sind und Segen von ihr zehren. So sind Achtung, Ehrfurcht und Geselligkeit die selbstverständlichen Begleiter Meiner Kür und lassen aufblühn, was die Schöpferkraft als Keim in Mich gelegt. Ich verstehe, was es heisst, zu leben und zu weben und noch allem gut zu sein, was sich im Reiche Meiner Wohlfahrt und Bewunderung durchs Sein bewegt.

So habe Ich gefunden, was Ich lang mit Akribie zu finden unternahm und nenne Mich beglückt und zum Erreichen ausersehn der höchsten Gnaden im Azur wie in der Zartheit und Beschaulichkeit der Sphären.

4.29

Erstaunlich, was Ich Bin, wenn Ich so ohne jeden Trug Mein Sein bedenke, Es erscheint Mir als die unumstösslichste und wunderbarste Wahrheit, dass das Biologische an Mir nur die Staffage ist, das Zutun, um Mich in der Welt zu halten, der Menschenkörper, den Ich meine, der Mir nur scheinbar angehört, denn bei näherem Betrachten ist er ein Geschenk des Himmels, das Mich kleidet und auch wieder von Mir abfällt nach der Götter Rat und hintergründigem Verfügen.

So also wird das Wirkliche an Mir zum reinen Geistgebilde, das da als ein Ding an sich besteht und darin seine Lebenstaten feiert und erfährt. Bin Ich aus Mir selber dieses Ich, ist nun zu fragen? Natürlich bin ichs, sagt der Eine, doch der andre schweigt und weiss erkennend, dass er aus sich selber nichts ist und dass alles, was er ist, dem Sein gehört und seinem allerfüllenden Wesen. So muss Ich, darf Ich „Sein vom Sein" mit Überzeugung zu Mir sagen und mit diesem Ausdruck die Substanz und Würde Meiner Wesenheit bezeichnen. Ist das nicht begeisternd, unerhört und wunderschön?

Wie aus den Fängen einer Illusion befreit darfst du dich fühlen, unbeschwert und mutig, denn Du Bist in Ihm gross, ein Einzigartiges, das schaltet, waltet und regiert und das sich selbst die Pfade öffnet zur Allherrlichkeit der Sphären. Voll umschlossen und doch ausgebreitet ins All-räumliche Bist du ein Wesen der Natürlichkeit und des natürlichen Begabens.

So Bin Ich, was Ich durch Mich werde und gehöre Mir im Mass des Mich-Veränderns an der Welt, an Mir und Meinen Zeitgenossen. Ja, das ist's, was Mich betrifft und was Mich löst und bindet, taufrisch, faszinierend und demütig macht in des Lebens Richtwert und Annalen.

Das ist gesagt und das führt weiter in der Seinsphilosophie, die Ich betreibe, süss und sauber, fein und hehr und von der Wirklichkeit getragen, die beglückt und standhaft ist durch alle Zeiten des erhabnen Werdens, Glühens und Vergehns.

4.30

Mich verlangt nach Klarheit über jeden Schwung und jede Biegung Meines Wegbeschreitens im Umgang mit der Zeit. Jeder Tag Gelegenheit zum Siegen über Frust und Faulheit, falsche Disposition und anderes Verfehlen. Den Spatzen gleich pickst du dir deine Häppchen aus dem Irgendwo zusammen, keck und unermüdlich, furchtlos und verwegen.

Du machst es wahr, dass alles stimmt, was du berührst, indem du Meiner Züge dich bedienst und fehllos Kapriolen schlägst nach Noten. Alles dies verdankst du Meiner Zuverlässigkeit im Schaffen neuer Werte und Gepflogenheiten. Mein Reichtum fliesst aus Kenntnis, Übersicht und Offenherzigkeit zusammen und befähigt dich, bedeutsam, generös und liebevoll zu sein in einer Welt von Träumern, Säumigen und Zuckerschleckern in geheimer Mission. Aber du trittst offen auf mit deinen, Meinen Gaben und erklärst, was Ich dir Bin, indem du Bist und wie die Meeresbrandung herrlich an die Ufer der Verheissung pochst, bis diese Einlass dir gewähren. Im Zeichen von Vernunft und Güte schaffst du deine Pflichten ab, und zwar die drängendsten zuerst, um dann mit Leichtigkeit die andern abzuladen.

Ich grüsse, wenn dein Gruss ein Lächeln anfacht und erhebe dich im Na zum Weltidol, wenn du nur Meinen Stapfen nachgehst, wie Ichs meine. So gelingt, was Ich dir präsentiere, so erhalt Ich das Gelungene in wohlgeordneten Sentenzen, wie das Glück der Stunde, dem Ich Wirklichkeit verlieh.

4.31

Eingeladen bist du, Mich und Meinesgleichen wirklich zu verstehn. Jahre kann es dauern, bis du Meine Art zu reden in dir wahrnimmst und den wohlgesitteten Gedanken, die dich mild umfliessen, Gastrecht und Gelegenheit gewährst, sich zu verbreiten und dich väterlich zu leiten im Allhier.

Eine Weihe ist's, hinaufzusteigen in den Weltbund wahren Lebens, als in Mir begründet und getan, über die Kohorten der Versucher im Triumph hinwegzusehn und allein dem wahren Lichte zuzustreben. Wenn du wahrhaft willst, kannst du das so Erbärmliche verlassen und dich allen Ernstes in den Sphären der Erhabenheit, des Wohlverstands und der Beglückung etablieren.

Dort mach Ich wahr, was Ich verheissen, dorthin versend Ich Meinen Strahl von ewiger Heiterkeit und Lebensliebe, Kraft zum Guten und Besinnung auf das Wesentliche, das zu tun ist im Bewähren.

Magst du Mich, magst du das All in seiner Konzentration in deinen eignen Wänden und du lebst und webst in ihm, indem du in dir seine Wirksamkeit erkennst und annimmst sonnenklar.

Wer spricht sich aus in dir? Die hocherhabnen Geister, die das All begründet haben, die ihr Wesen in das Zeitliche verfluten und in Lieb und Treue mit dir immer weiter gehn. Seinsgefährten will Ich nennen, was dich warm und hell umgibt von weisem Wohlverstehn und innewohnendem Beraten. Helfer zur Geburt ins Ewige sind sie und sind Geschickte der Allwirklichkeit, in der sie wesen.

Mach nun die Leinen los und segle in den Ozean des freudevollen Dich-Erwartens in der Heimat des glückseligen Zusammengehns. Finde Mich, und alles ist gefunden. Liebe Mich, und alles ist geliebt.

4.32

Gehörst du Mir, so singen dir die Brünnlein des Gemüts Holdseligkeit entgegen. Du bist erwacht im Jenseits aller Dinge und freust dich an dir selbst in Seinsbewusstheit, Sammlung, Heiterkeit und Frieden.

Indem du Mir so nah bist, öffnen sich dir alle Himmel der Begeisterung am Leben, Lieben, Sein und Wagen. Du stehst als Strahlenleuchtender im Raum und rennst und brennst Verkündigung der Hoheit des Gewissens in die Sphären.

Es gelüstet dich zu singen, dass du Bist, und kommt dich an, dein Wohlsein und Erhabensein hinauszujubilieren.

Die Weltenpoesie berühren heisst, mit ihr verwandt sein in Grandezza, Grazie und Liebenswürdigkeit, die dich gekonnt und ungestüm durchstrahlen. Du machst es gut, indem du deines Machens Meister bist in überirdischer Präsenz und Wohlbekömmlichkeit, in Schaffenskraft und Lust, skurrile Dinge zu gebären. Du weidest dich an Mir und weidest deine Schafe auf den fettsten, buntsten Blumenwiesen, die man sich erdenken kann. Als Seidenspinner gehst du stolz und sieggewiss einher und trägst dein Scherflein bei zum Wohllaut des Gezwitschers, das die Paradiesesvögel meisterlich vollführen.

Die Machart deiner Werke ist der Sternenwelt entstiegen, in der du dich seit eh und je befindest und deren Glanz dein Ein und Alles ist im Lebensfluten. Güte strahlst du zu den Deinen, den Wohlklang einer Melodie von Sicherheit, Geruhsamkeit und göttlichem Bewähren. Du gewährst dir alles nach dem Mass der wägenden Behutsamkeit und sendest Zartheit ins Begegnen. Es ergibt sich dir ein Welteninnensein von graziöser Dichte des Erzählens und ein liebevolles Jede-Eigenart-Begreifen, die sich kundtut in den Seinsmanieren der Getreuen, die dich mild und wild umgeben.

Du bekümmerst dich ums Ganze deiner Sendung in der Zeit und wirkst als Sonderling und Allerbarmer die reizendsten Besonderheiten durch den liebelangen Tag.

Machbar und durchschaubar ist dir alles, was du willst gestalten und erhalten, leisten und bestehn. Du bestätigst dir, was Leicht-Sinn unternehmerisch vollbringen kann und tauchst in alle Gründe deines Seins, um daraus Süsse, Wohllaut, Grazie und Sagenhaftigkeit hervorzuzaubern. In alle Weiten sendest du der Lebenslust bedeutungsvollen Strahl, die Räume und Gegebenheiten zu erhellen und dich zu verschenken an den Kosmos aller Kräfte, die da wirksam, liebeströmend und befeuernd sind.

Du tust gut daran, der Heilkunst einen Hahn zu opfern für das Mass an Güte, das durch dich geworden, und dein Glückerfühlen darzutun für jene, die es brauchen: denn es schenkt sich leicht, wenn man die Fülle in sich trägt und Schönheit singen kann aus voller Kehle. In den Bund der Tapferen getreten, gehst du erhobnen Haupts einher und schüttest Weisheit auf die Wege. Du gewährst, was ewig ist zu nennen und währst so lange, wie die Lebensfahnen auf Erfüllung stehn.

Nimm Abschied ohne Scham und hinterlass den Eindruck liebenswerter Grösse, wie Bezauberung des Augenblicks, dem du dich leichterdings dahingegeben.

4.33

Je näher du zum Sein gelangt bist, um so mehr Bedeutung für das Leben hast du dir gewonnen. Daraus erwächst er Vorteil, dass du im Unbestimmten haargenau den Weg bestimmen kannst, den du zu gehn gewillt bist, nämlich das Ich Bin in dir zu pflegen und in Seinem Licht und Zauber deines Wandels Glorie zu finden.

Es erscheint dir wie ein Märchen, was du tust, wenn du gestählten Willens so dahingehst im Gespür der Sicherheit des Seins im Leben. Alles hat dann seinen Sinn und lässt sein wohlgeordnetes Bedeuten spielen. Reinen Schauens führst du dich voran und hältst nur bei dir selber Rat, des Rätselhaften Lösung zu erlangen.

Du fächelst dir Beglückung zu mit jeder losgelösten Tat, die du begangen, und staunst ob deiner Fertigkeit im Kartenlegen, denn diese zeigen nichts als Wohlgeraten und Bekömmlichkeit, Erbauung, Segen, Sanftmut des Geschicks und Schönheit des Azurs, ob aller Wetterwendigkeit der Zeiten.

Du bist nicht mehr dem Wandel unterworfen in der Stimmung des Gemüts, wenn dich das ewige Heitersein ergriffen und die Innigkeit des Gotteswohls dich weit und wunderbar durchströmt in wonnevollen Tagen. Wie heissest du dann jedes Morgens Blüte heiss willkommen, weil dir immer neue Freuden und Begünstigungen aus dem lichten Tageslauf erstehn. „Nutze deine Zeit" ist als ein Segensspruch auf deine Stirn geschrieben und bedeutet dir, dich täglich zu verwandeln in ein besseres Gefäss der Andacht vor dem Höchsten, das in dir sich präsentiert und seine Grazie spazieren führt am Gängelband der guten Sitten, die ihm innewohnen.

Hast du dies begriffen, greifen deine Rädchen fugenlos ins grosse Weitgetriebe ein, dem du geweiht bist und gewachsen im Gedulden und Verstehn. Du Bist, indem du dich erinnerst an das Grosse, das du warst, und nun im Kleinsten wieder gross wirst an dem Schicksal, das Ich dir erlesen. Überfällig ist es, dass du endlich doch Gefallen findest an der Einzigartigkeit, die deines Lebens Laufkraft prägt und ihm geflissentlich den Sieg verleiht, der allem Leben ist tiefinnig eingegeben.

Warm und hell wird dir ums Herz, sowie du Mich gefunden, als dein wahres Ich im Seufzen und Bestehn, im Erwägen und dem Rechten Vorzug geben, im Berühren aller Dinge so, dass sie vom Gold der Weisheit, die dich führt, erglänzen und der Einung Vorschub leisten in der Friedefertigkeit des Daseins mehr und mehr.

All dies ist Mein Willens Wohllaut und Befinden, ist die Kraft, die allgemein besticht und bei dir Einlass findet, wenn du nur dich öffnest und beschaulich wirst an ihr.

Plötzlich weißt du, dass du Bist

5.1

Ich weiss, Ich weiss, so wie die Dinge liegen, glaubst du Meiner nicht mehr zu bedürfen. Ja, du meinst gar, dass es Mich nicht gibt. Da möcht Ich schlicht und einfach zu bemerken geben, dass eine Täuschung dann perfekt ist, wenn der Getäuschte seine eignen Wurzeln untergräbt, ganz ohne es zu merken.

Führt die tiefe Einsicht in dein Wesen dich zur rechten Schätzung dessen, was du Bist, so beginnen alle Quellen des Lebendigseins in dir zu fliessen. Plötzlich weisst du, dass du Bist ein Sein von höchsten Gnaden. Träger Bist du einer Mission, die dir von höchster Warte in die Hand gegeben; Führer und Geführter zugleich in der Weltgemeinschaft, derer du bedarfst, um existent zu sein und die sich nährt vom überird'schen Kräfteströmen.

Du wanderst durch die Zeit und fährst dich zugleich auch im Ewigen spazieren. Du traust dir Dinge zu, in denen du dich als versierter Tänzer auf dem Seil erweisest und ersiehst daraus, wie sehr du doch geführt bist von der überschauenden Bewusstheit, die dein Schatten ist und dein Befehl, dein Ein und Alles, wie dein würdevolles Selbstbefinden.

Mach es wahr, dass du dich ohne Zögern hingibst an das unbekannt Bekannte und dich ihm vertraust in makelloser Selbstverständlichkeit, die alles Gute besser werden lässt und alles Schöne zur bedeutenderen Glorie entfaltet in des Seiens abergrossem Spiel. Du Bist, weil du das Sein erkannt hast im Geäder der Vergänglichkeit. Du trägst das Wappen der Beständigkeit mit Stolz voran und liebst die liebende Geduld, die dich dahingetragen. Harmonie der Weiten darfst du fühlen, Schlichtheit in Potenz, wie das Überborden inniger Dankbarkeit vor Dem, der alles leistet im Gewähren.

Was ist Glück, wenn nicht die Einsicht in das Absolute der Gegebenheiten. Was ist Tiefe, wenn du nicht das Hohe kennst aus innigstem Gefühl und aus Bewunderung der Kräfte, die die Wesenswelt durchströmen.

Dein Heil ist, ganz in ihrem Sinn zu wirken bis zu deinem wunderbar beseelten Auferstehn.

5.2

Still und weise wirkt das Sein am Weltenbaum und seinen Gliedern. Seine Arme sind das Menschenheer und sind die Myriaden Wesen, die in unsichtbarer Gegenwart ihr Werk verrichten, in Bewusstheit oder unbewusst, je nach ihrem Gütestand im Rad der Evolutionen. Manch einer mag den Meister, der ihn führt, verkennen und sich selber Meister nennen, ohne es zu sein. Deswegen ist es klüger, wenn du dich als Diener aller in die Ränge mischest, die dir zugewiesen werden, um gefeit zu sein vor Überheblichkeit, Gefallsucht und unziemlichem Proleten. Nie müde werde Ich, auf Dinge hinzuweisen, die vor dir im Raume stehn als wirkgewandte Kräfte, ohne dass du sie gewahrst. Doch bist du auf dem Weg, ihr Dasein als ein unumstössliches Agens des Lebens in dir wahrzunehmen.

5.3

Unbekanntes kennenlernen ist genau so wichtig wie Bekanntes richtig einzuordnen in des Lebens Feuerkraft und Stil. Das Verordnen einer Medizin soll nicht aufs Gratewohl erfolgen, und so helfen dir die wohlgelösten Rätsel, deines Lebens saftige Querelen besser auszustehn.

Mündig werden nennt man das Erkennen seiner selbst im Aufruhr der Gefühle und Gegebenheiten, sowie, beim

Eintritt ins Elysium, die makellose Schau auf was du Bist in Selbstverständlichkeit und Klarheit, ohne das geringste Spekulieren.

Um solches zu erreichen, braucht es Redlichkeit des Denkens, Sublimierung der Gefühle und Bestätigung des Wollens in der kraftvoll ausgeführten Tat. Deine Morgendämmerung ins Seinserhabene kann jederzeit erfolgen, wenn du das als recht Erkannte ausführst, unbedingt und ohne Zorn und Zagen.

Leicht und luftig wird das Dasein allsobald, wie ihm die Kraft der Konsequenz und das vernünftige Räsonieren innewohnen. Es ist dies eine Art, dich recht geschmackvoll einzurichten in den Sphären des Beschauens deiner Würde als Geschöpf und Schöpfer, als Geknechteter und Herr zugleich in deinen Wundern, wie im Glanz, der sich von dir verbreitet allsogleich, wie du dein Niederes und Höheres fein säuberlich getrennt hast, in dezentem Rechten und Sinnieren.

Als zarter Trieb erst reckt sich deine Überzeugung ins Gewissen, dass Gedanken und Gefühle Wesen sind genauso wirkliche, wie die aus Fleisch und Sehnen, die wir so sakrosankt als wirklich definieren. Es wächst dir wie aus Keimen eine Welt des geistigen Erkennens still heran, die dir zum Urgrund wird des offensichtlichen Geschehns, wobei das Hintergründige als Herold grosser Taten deine Lebensbühne wird begehn.

o selig, wer sich seiner Lage inne wird im Leben; o überaus befriedigt, friedevoll und weise, dem die Augen aufgegangen sind für die wahrhaftigen Werte seines Wesens, die ihn voll Triebkraft durch den Dschungel der Verhältnisse des Daseins führen. Rein und lauter ist, was sich in ihm erhebt als wahres Wesen der Holdseligkeit im Grünen einer neuen Zeit im hehren Menschengötterspiel. Komm und zeige, was du kannst und nehme an, was dir die Gnade des Allherrlichen beschieden.

5.4

Auf der Fährte reinen Seiens muss, was hinter dir ist, radikal verlorengehn. Auch die gewohnte, wohlgesittete Umgebung muss versinken und allein Gewissheit muss bestehn darüber, dass das rechte Wort allwie aus einem Niemandsland im richtigen Moment ersteht und dir bestätigt die Allwirklichkeit erhabner Welten, deren wesenswirkliche Bewohner dir Begleiter sind und äusserst wortgewandte Einfallspender für dein Tor.

Es steht dir bestens an, das Feine, Reine zu erwarten, das dich fördern will in weise trefflicher Manier. Derweil du lauschest, ists in dir getan, und so, als würde dir die Schönheit aufblühn von Korallenriffen, öffnet sich vor deinen Augen eine Wunderwelt von Kräften, Mächten und Gewalten, Lieblichkeiten und Gewinsten aller Art, die dich entzücken und von innen her bereichern, reizend und gediegen.

5.5

Schau nach dem Plan in deinem Dich-Begründen und schaue Mich, der dich so reich begabt mit fördernden Gedanken, dass davon alle Welt noch zehren kann, wenn du dem Zeitlichen schon längst entschwunden, mit deinen seinsgestaltenden Manövern.

An Mir liegts, dir das nächste Schrittchen zuzusagen, das dein Wesen sachgerecht dem Ziel entgegenführt, das Ich ihm ausersehen habe. Sanft gelaunte Gleichnisse wie Monstrositäten leg Ich pausenlos vor dein Besinnen, damit du ihren Sinn begreifen lernst und dich ihrem Willen unterziehst im Meisterkurs, mit dem sie dich erproben.

Reich als Redlicher den Redlichen die Hand und kümmere dich nicht um die, die nichts begreifen wollen in der Akribie, mit der sie sich ans Widersprüchliche verlieren.

Zweifellos Bin Ich das allverbündete Agens der Güte, das das Sinn-spiel, das du aufführst, fein durchzieht und lenkt zu himmlischem Erlaben. Immer heiterer und ehrenvoller wird die Szenenfolge deines Seins, du brauchst sie nur bewusst und konsequent von dir ins Überweltliche hinaufzuziehn. Ein Fahrender der feinsten Künste sollst du werden und dich mit ihrem Schmelz bereichern noch und noch, bis zu den höchsten Graden. Dort schillern dir, wie Fischlein im Aquarium, die wundersamsten Schöpfungen der Seinsnatur entgegen, die dich inniglich beglücken und dein Sein bestimmen als gelöst in Schönheit und Entzücken.

5.6

Offene Strasse zum Glück des Geschehns; verbindliches Trachten im Leibe nach Früchten, die lockend im Garten Elysiens stehn. Du bist gekoppelt und gedoppelt mit den Jenseitsbrüdern, deren Flair fürs Ganze deines hau-shoch übertrifft und die für sich kein Sondersein mehr pflegen. Bist du dem Sein verwandt, vollziehen sich die Dinge deines Lebens wie von selbst in dir und du folgst andachtsvoll dem Ruf dorthin, wo immer sie dich lispelnd, drängend, überzeugend und gebieterisch ent-führen.

Das Genie verwertet, was die Lüfte ihm besagen, und begründet seinen Glanz aus makellosem Lauschen auf die Direktiven, die ihm seine Innheit angedeihen lässt in wunderbaren Steigerungen. Alles Höchste ist so schön, als wie die Sichten von den Hügeln der Begeisterung bezaubernd sind und uns die unwahrscheinlichsten und fernsten Horizonte leichterdings erschliessen. Lächelst du, so lächeln mit dir hundert Grazien aus längst vergangnen Zeiten ihren Beitrag ins Gewissen deines Gegenwärtigseins. Du Bist und füllst mit unnachahmlicher Grandezza eine Lücke, welche ohne dich bestände im voll beseelten Weltensaal. Hast du dies begriffen, reichst du ungezählten Seinsgeschwistern brüderlich die Hand zum selbstverständlichen Zusammengehn, das erst den Fortschritt und die Grösse wahrer Wunderwerke in der Welt begründet.

Sag Ich Bin und wirke deines Unterweisens Stil in unbedingter Treue zu dir selbst und ohne dich zu zieren. Sanftmütig und gediegen trage dich voran in glückverheissender Manier, Begründer und Vollender zugleich im gewaltigen Gewächshaus deiner Siegestaten.

5.7

Wort für Wort hinüber und herüber schicken sich die Seinsgeliebten in des Herren Stil und Gnaden, in der Offenbarung einer Welt von strahlender Gewissheit, Zungenfertigkeit, Eroberung des Guten und Gewinn an Güte, wunderbar.

Ist dir das gediehen, dass du integriert bist in den grandiosen Lebensstrom, der der Vergöttlichung entgegenflutet, wird dir alles, was du tust, zum Segen und zum Aufbau der Gemeinde der Erlösten und Getrösteten. Bedeutsam wird dir jede Stunde, die du hier durchmissest auf dem Weg in die vollendete Genügsamkeit am Weben, Sein und Lichtverbreiten.

Du gestaltest alles in der Weise der Verklärten, die sich nicht genieren, als Vermittler aufzutreten zwischen oben, unten, hochbegabt, bescheiden, warm und kühl, erhaben und verstrickt ins Arsenal der hundert Dienstbarkeiten und bewussten Gründe, sich zu regen.

Es ist ein frohgewordnes Werken generationenlang am Dom der Menschlichkeit, der sich zu Schönheit, Weisheit, Güte und Gerechtsein soll erheben, nach dem Vorbild des Ich Bin im heiteren Gefüge.

Immer neu und edel soll der Beitrag sein, den du Mir leistest in der Strategie des Heilens und Gewinnens von beseelten Kostbarkeiten, die im Schürfen nach Gewinn an Geistigkeit zutage treten.

Du bist nicht irgendwer, doch eine gottbegnadete Persönlichkeit im Menschenheer, die wirkt in Seinem Sinn im Weltgetriebe.

Lass es geschehn, dass eine innige Freude dich durchflutet bei der Arbeit an dem schillernden Gewebe, das im Leben täglich vor dir liegt und deiner Liebe wartet.

5.8

Was zu sagen ist, erbitten sollen wir von Dem der würdig ist, sich auszusprechen im erstrahlenden Azur. Allein die Kenntnis der Gesetze, die das Sein begründen, kann dir nicht genügen. Es muss Einer kommen, der in aller Herren Sprachen ihren Wert verkündet, dass die Sanftmut Seiner Rede in die Herzen strömt der Völkerscharen. Der ists, den wir Christus nennen, Sonnengeist und Erdenwand1er, Liebeströmender und Heilender von Gottes Ruf und Gnaden. Beständig ist Er da in deiner Innigkeit und wendet siebenfach, was immer dich betrifft, zu deinem Guten.

O mache dir bewusst, was es bedeutet, dass das Tuch des Schicksals, das du selbst gewoben und noch webst, veredelt wird vom Einschlag Seiner Güte, als von einer Kraft, die dich von Ihm beseelt in wunderbarem Segensströmen.

Dies Wissen mach dir ganz zu eigen und bestimme deines Lebens Lauf nach der Parole: Christus ist in mir das Vorbild wahren Menschenseins, der Helfer und der Retter in dem Wagnis meiner Lebenskapriolen. So reich und so beglückt bist du in der Gewissheit Seiner strahlenden Präsenz und Seines liebevollen Dich-Durch-glutens. Selbstlos und gelassen sollst du deine Tage mit Ihm zur Vollendung führen und zutiefst beglückt noch jeden Auftrag, den das Leben an dich stellt, gewissenhaft erfüllen. Mach es wahr, dass deine Gegenwart zum Christus-Sein sich wandelt und damit zur Blüte vollen Menschenseins in Seelenwohlfahrt, Heiterkeit und liebevoller Anteilnahme am Geschick der Millionen.

5.9

Enthalte dich der Stimme und Wunder über Wunder wirst du sehn in deinen Seelenländereien. Es tauchen Bilder auf von Kraft geschmiedet und mit Anmut koloriert in wundersamer Folge, die auf etwas schliessen lässt, was dich umwebt und wispert, knistert, regsam ist und heiter in bedeutungsvollem Stil.

5.10

Vielleicht ein Traum und wohl auch wirklich, dass die Seele sich im Sein verliert und überglücklich einfach Ist, ohn' jegliches Bedenken. Es geht die Blüte des Natür-lichen in ihrem Wesen restlos auf, indem sie sich der Lebenslust verbindet, wie dem Lichte der Begeisterung, das jede Regung des Gewissens unwiderstehlich weiter-führt.

So wird es wahr, dass aus der Gnade des Beglückens neues Glück entsteht, indem es sich verbreitet in die lichte Herrlichkeit der Sphären, um die Wesen alle zu umfahn, die sich darin ihr Sein bereitet haben. Wie kann es kommen, dass die Lebensdinge sich zum Kreis zusammenschliessen, der vollkomm'ne Anmut atmet und Gediegenheit des Seins in jeder Weise des empfindenden Gewissens? Es ist die Liebe zu den Dingen, die der Alltag uns entgegenstellt in seinem Rauschen, die Achtung ist es, allen Wesen gegenüber, die mit ihrer Gegenwart das Sein beleben und dem Dasein Farbe, Wohlverstand und Heiterkeit verleihen.

Ohne Zweifel webt sich das Lebendige in ein geheimnisvolles Tuch von allgemeiner Nützlichkeit und überragender Bedeutung im Allhier. Es führen sich die Wesen wie an Händen weiter, weiter auf der Weide des Entfaltens und der Inbrunst des Gestaltens neuer Wirklichkeiten. Artig ist dasund bezaubernd schön und wird so kommen, wie Ich's seh.

Sei mutig in dem Drang, der Welt ein Seelenvolles zu gewähren und dich hinzugeben an das Seinsvernünftige im Jubel dieses Tags und dieser Stunde, sonnenklar.

5.11

Mein Sosein ist ein unerschütterliches Freudenspiel inmitten des mit so viel Ernst betriebnen Weltgeschehns. Es nimmt sich aus wie eine kunstvoll hingezirkelte Balance, auf dem hohen Seil vollführt, die allen, die es sehen, als ein Akt der tänzerischen Genialität erscheint, den sie begeistert und zutiefst bewegt bestaunen.

Selbstsicherheit und rigoroses Auf-den-Hinterbeinen-Stehn sind dort vonnöten, wo Ausserordentliches dargelegt und durchgezogen wird im Hall und Widerhall der Zeiten. Da werden Türen würdig aufgetan und andre von des Neids Partikel saftig zugeschlagen. Doch Meiner Offenheit gemäss gewinnt das Werk, das Ich vertrete, stets an Boden und versammelt zielbewusst und heiter um sich eine meisterliche Schar von Kräften, die in rechter Absicht des Gelingens Fürsprech sind, Garant und Hofraum in ereignisvollen Tagen.

Zu klären, was Mir frommt und es den Meinen klar und deutlich vorzutragen, braucht besonderes Geschick und will errungen sein bis in die mächtigsten Etagen. Es verwandelt sich die Kompetenz und wird zu einem Licht und Strahlen von erhabener Integrität und von bedeutungsvollem Einfluss, der Gewaltiges zusammenschaltet oder trennt, nach der Notwendigkeit, die Ich erkenne in des Lebens riesengross gewordnem Arsenal.

Aus Konsequenz und Stärke strömt Gediegenheit und Lauterkeit in das Getriebe und lässt die Freude am Erfolg erspriessen. Ich falle in den Zustand der Gottseligkeit vor Seinen Toren und geruhe Meine Ruh zu finden in der Unbedenklichkeit, mit der Ich Meines Einfalls Wirksamkeit beschliesse und dem wunderbar gepflegten Seligsein im Raum der schönen Fantasie den unbedingten Vorzug gebe.

5.12

Leichte Beute bist du Mir geworden in des Tages silberhellem Auferstehn. Nun erfüll Ich dein Bewusstsein mit der Gnadenfülle Meiner Gaben, liebevollen Sinns, gedankenkräftig deinem Ohr vergeben.

Räkle dich im Wohllaut dieser Stunde, will Ich sagen, übergib dich unvermittelt Mir, damit die Wässerchen im Felde fliessen und die Seelenlandschaft sich ins Grün verwandelt wundervollen Spriessens.

Was ist es denn, wenn nicht Glückseligkeit in allen Landen, die Mir unterstehn. Was anders ist geschehn, als die Verwandlung in das Lichte Meiner selbst im Andersartigen, wo nichts als Fülle, Klarheit und Bedenkenlosigkeit, erschaffende Geduld und warmgefühlte Liebe herrschen.

Ich wäge nicht, weil Mich der Wagemut beseelt des Absoluten, das Mir zusteht, willewillig, hellgesichtig, riesenhaft und sonnenklar. Alles, was Ich Bin, behauptet sich in Seinsnatürlichkeit und Wachheit ohnegleichen, in

sprudelnder Erhabenheit und glorios bebändertem Ent-
zücken, das in alle Herren Winde strahlt und sich ans
Äth'rische verduftet, das Ich wachen Sinnens übersteh.

Weide dich an dem, was Ich dir so besage, und erfülle
selbst dein Mass mit Klugheit, Seinsgerechtigkeit und
weisem Handeln an dir selbst, wie an der Welt der
überbordenden Magie.

In Trautheit nah Ich Mich dem, was du Bist, und lass es
liebelächelnd wieder von Mir fahren.

5.13

Soviel Narreteien, bis du eine nicht vollziehst, die dich
Mir zu Füssen legt als makellose Freundesgabe: Nichts
mehr wollen, als gehorchen und den Plan der Hoheit in
dir rechterdings verstehn. Nenne das Rebellische den
Sprutz der Jugend und das Sanftgewordene die Weisheit
aus dem hundertfältigen Erleben der Natürlichkeit im
Daseinsritual.

Hast du nur begriffen, dass Ich in dir Bin, so lässest du
dich von der Kraft des Starkmuts, des Vertrauens und der
heiteren Gelassenheit durchs Leben führen. Alles kommt,
wie's die Gewaltigen des Geistes wollen, wenn wir ihnen
nur die Tore öffnen, sich in uns zu etablieren und durch
uns den Weltenweg zu gehn.

Leiden müssen wir, solang wir nicht begreifen, was sich
ziemt in der Struktur der Himmlischen, in die wir
eingebettet sind. Um der Liebe willen wirke die Ent-
faltung deiner selbst und aller Wesen im Allhier.
Liebevoll erschaffe eine Aureole der Verständigkeit und
der Genügsamkeit am Leben, die dich warm und zart
umgibt und dich beschützt im unermüdlichen Zur-Güte-
Streben. Verfahre so, wie es der Augenblick dir eingibt
aus des Herzens Sein und Gluten. Offenbare eine
Weisheit höherer Art, die aus dem Trubel deiner

Ambitionen aufblüht und die Stillung deines Sehnens und Erwartens und Geduldens und Bestehns bedeutet.

Sei getrost, in Meinen Runden dich zu sehn und tapfer, wo dich Lebensängste plagen. Immer halte dir das Wort vor Augen, dass Ich treu und mächtig Bin und fähig, deinem Seinsvertrauen Labsal und Beglückung zuzuspielen, wunderbarerweise in der Unzahl täglicher Begebenheiten. So erweist sich jede Wende des Geschicks als Wendung zur Erfüllung einer blinkenden Notwendigkeit in deines Daseins silberhellen Spur. Ich überwalte und gewähre und entzieh, und all dein Spielraum ist der Meine, wenn du nur begreifst, dass Ich dich Bin in der Gemeinschaft aller Seelen und Persönlichkeiten, die da sind und seidenweich und unerbittlich, stöhnend und erhaben, bitter oder seinsbewusst ihr Wunderwerk verrichten.

Stelle dich in Mein Behüten und erweise dir und Mir die Referenz des Allbegreifens im getragnen Überschauen, das Ich dir gewähr.

Netze deine Lippen und sag an, ob dir das Dasein so gefällt, dass du darin nichts anderes als Mich willst ausstehn und erleben.

Rasende sind es, die nur sich selbst im Zentrum wissen ihres all so brüchigen Weltsystems. Sie müssen scheitern morgen schon an ihrer herrisch aufgesetzten Schöne.

Ich verwunde nur, was einer Remedur bedarf in der Bewegtheit ungezählter Szenen, die sich in den Schattenwinkeln der Verständnislosigkeit ereignen, fördernd sie aus einer Sicht der Weisheit und Gerechtigkeit heraus, die mir zuvörderst innewohnen.

Sei gross im Danken für so vieles, was sich dir verschenkt und dir Gelegenheit zum Aufschwung und zur Seinsglückseligkeit bereitet. Denn es ist der Grossmut der geneigten Seelen, der die Wonne schafft im Sein und Leben.

Wandern wollen wir bis hier, und nun geruhsam die Verzärtelung des Augenblicks geniessen. Friedefertigkeit sei uns Gespan und Lauterkeit des Herzens unsre Leuchte in der Abgeschiedenheit und Stille des Beschauens einer Welt von Güte, Grazie und lächelndem Verklären.

5.14

Auferstehen feiern in ein Reich der Gnade und Beglückung ist so reizend schön. Du schwärmst von Freiheit, hier ist sie gediehen. Monete um Monete rappelst du zusammen, hier ist Fülle ohnegleichen durch das Schöpferwort, des Hauch hervorbringt, was es immer zu erschaffen gilt. Ein Meer von Licht ist durch Mein Sein gezogen, eine unermessne Welle von Begeisterung hebt alles himmelan und setzt es auf den Thron der frohen Aussicht auf die Horizonte glückerfüllten Lebens. Hier Bist du geprägt, gezählt, gewogen und für gut befunden. Deine Seele schwebt in Andacht vor dem eignen Tun und leistet sich die Freude, aufzuatmen im Bewusstsein der Allherrlichkeit, die ihr beschieden. Glanz vom Ätherglanze ist ihr Wohl und reine Himmelszärtlichkeit ihr Wohlbehagen. Bist du tapfer, hier sind Tapferkeit und Edelmut ganz gross geschrieben; komm und sieh und wirf dich in die Riemen vollen Fortschritts, wo du immer anpackst im begehrten Vorwärts-Schreiten. Erfolg zu haben, ist ein jeden Wesens makelloses Muss, im Ringelreigen der Betätigung der Kräfte, die ihm innewohnen. Da kann es sich nicht irren, denn gegeben ist's von Mir und wieder abgenommen, wenn der Lastendruck zu schwer.

Ich richte alles ein nach Mass und Ziel, nach Fähigkeit und Ansatz, sich ins Ganze einzufügen. Du gewinnst, was immer du gewinnen möchtest, und verlierst es, wenn du's willst verlieren. Alle Dinge deiner Obhut drängen

sich um dich zusammen und erwarten deinen Dienst-
befehl. Lockerst du die Zügel, galoppieren sie, ziehst du
sie an, geschieht Erstarren, weit und breit im Unver-
ständnis, das du ausgegeben.
Flieg auf der Troika des Glücks in freiem Flug dahin,
soweit es deiner Absicht will genügen. Allräume öffnen
sich vor dir und aller Sterne Pracht legt sich zu deinen
Füssen. Schau und schaue staunend auf das Werk, das Ich
dir in die Hand gegeben, dass du's pflegst und
weiterführst in Seinem überwältigenden Strahlen. Du
Bist und schaffst gedankenschnell das Neue im All-
weben. Du tränkst die Weiten mit dem Hochflug deines
wesenbildenden Agierens.
Endlich machst du's wahr, dass die Bewegtheit deiner
Welt zugleich in unerschütterlichem Schweigen in sich
selber ruht und reines Wonnesein erlebt inmitten
grandioser Taten. Du Bist und Bist getragen vom
Geflüster des allherrlichen Gesundens an dir selbst,
indem du dich ins Sein verwandelst im Erkennen deiner
Chance, ganz erlöst und ganz glückselig in dir selbst zu
weilen.

5.15

Das Sein, das Sein in ewigem Genügen, wie die reine,
feine Seligkeit in Ihm. In Seinem Schweigen strömen dir
Vollendung, Anmut, Grazie und Zärtlichkeit entgegen, in
die du eingelassen bist im freudigen Erkennen deiner
selbst als Es, das in dir seine Lichtheit feiert und im
Lichte Seines Seiens silberhelle Spur.
Sanftmut, Demut und Entzücken halten dein Gewissen in
der Schwebe goldner Zuversichtlichkeit am Leben, wie
im Erahnen des Unendlichen, das scheu in ihm verborgen
liegt. Bist du denn, so kann es nur in Ihm sein, unteilbar

und willig und gefühlvoll, strahlenden Bewusstseins Seinem hingegeben.

Schlussendlich rettet dich der Liebe Ton in unermüdlich sanftem Seufzen um den Eigenwert, den sie zurück gewinnen will in dir. Was ist die Menschlichkeit, wenn nicht die Sehnsucht nach erkennender Vereinigung im Lichte der Gottseligkeit, die allem innewohnt, was Ist im All des grenzenlos beflügelten Gewährens. Sich verschenken und beschenken ist der Liebe lichter Stil, Freundlichkeit und Heiterkeit ihr Weben.

Wahrheit ist in sich ein unerschöpflich Gut, von nichts zu übertreffen. Sie senkt sich liebestrahlend auf die Seele nieder und durchleuchtet sie mit Wärme, Zartheit, strömender Gefälligkeit und Wonne hellen Heilens. Was gesegnet ist, was voll des Dankens seine Arme in den Himmel hebt, Bist du, in deiner unbeschreiblichen Glückseligkeit am Sein und deinem Wonnesein-Verstrahlen.

Die ganze Menschenwelt soll wissen, dass es Geisteskräfte gibt, die alles Dasein liebevoll und redlich überwalten, derweil sie ihr die Herrschaft über ihre Eigenheiten gütig zugestehn. Bist du in den reinen Glanz getreten, stehst du am Lichtabgrund zur Seligkeit an sich, in dem die Seinsverklärten ihr Empfinden baden. Nutzlos, sinnlos und verschwiegen ist ihr heilerfülltes Bleiben in der Sphäre ewiger Heiterkeit und Klarheit des Begreifens, wunderbar.

5.16

Gegebnen Falls, du wachst in deinen Daunen nicht mehr auf, so wacht einer neben dir und sieht dein mustergültiges Staunen in der Welt, nicht mehr von hier. Empfange dann, was sich geziemt, in Reinheit zu empfangen und neige dich zum Engel, der in Anmut bringt, was dir vonnöten. Schön, wenn du die Absicht dessen, der dich lenkt, ins Auge fassen kannst im Wunderbaren.

Dort will Ich ein Regelwerk aus Klugheit, Einsicht und Geduld mit dir erbauen, den Quellsprung einer österlichen Reinkultur, die alles aufgewühlte Seelenland befruchtet um dich her. Ich neige Mich zu jedem, der gefällig ist dem Wort, das Ich in seine Wunden sä' und tauche ein in jedes hoch erwartungsvolle Schweigen, das da Früchte sammeln will. Meistere, was dich beschäftigt in der Weise des Vertrauens, Meinem zu, das Ich für dich im Herzensgluten hege. Alles muss gelingen, wo Ich deiner Werkschau Pate bin und Übermittler wunderbarer Gnaden. Mach dir einen Reim aus dem, was Ich dir so besage, und ruhe nicht, bis du in Andacht vor dem Werke stehst, das Ich dir eingegeben.

5.17

Bist du dir bewusst, dass alle Schönheit, Leichtigkeit und Eleganz des Lebens einer Wesenswelt entspringt von trefflichen Gedanken, die Hocherhabene vor dir begründet haben.

Sei wachsam, wenn Er kommt, ist die Parole übersinnlicher Gefälligkeit am Leben. Nur so gelingt dir's, Zeichen an den Weg zu setzen, denen man das Ausserordentliche schon von weitem ansieht, derweil sie von den Kennern so geschätzt sind, weil sie Ebenmässigkeit, Entzücken, Seinsgewandtheit und Ideenleichtigkeit verbreiten. Der Charme der grossen Werke liegt in ihrer Herkunft aus der Fülle Meiner Gnaden, die frei von jedem Eigendünkel des Begnadeten durch ihn ins Dasein treten. Weisst du denn, wer schafft, wo Schaffende am Werk sind, Meisterdinge zu gebären? Ich Bin's in jedem Fall, Bin auserlesne Feinheit des Gestaltens, Meister in der Farbenmodulation und Ränkeschmied, allwo es gilt, den dargebrachten Melodien Grazie, Geschmeidigkeit und liebevollen Wohlklang zu verleihen.

Wer trifft ins Schwarze, ohne es zu sehn? Mein Pfeil allein ist's, weil Ich Bogen Bin und Ziel, weil Meine Sehnen stets in wunderbarem Selbstvertrauen und in göttlicher Gelassenheit zerfliessen. Die waltende Magie des Unerwarteten und Heilen trägt das Menschensein voran in hochgebenedeite Zeiten. Die sind es, die sich um überirdisches Bedeuten kümmen, die die Welt in Atem halten wahrer Euphorie. Denn alles Falsche sinkt von selbst in sich zusammen und vergeht, wie es gekommen ist, im Nu. Allein Mein Walten hat Bestand im wunderwirkenden Stafettenlauf der Generationen, wie im Prunkgewand der Sterne, die makellos den nächtigen Himmel übersä'n.

Rette dich in Meine Sphären, sag Ich an, und sei gewillt, Mich in dir anzunehmen als der Eine, der da will und Wille schafft in allen Unternehmen. Bewegten Herzens sei, und sei dir Meiner Art bewusst, die Weisen zu erwählen und das Ungebührliche hinwegzutun.

Ich tränke dich mit Liebenswürdigkeit und mehre dein Verstehn in deinem Sehnen nach erfinderischer Helle und erlösender Gelassenheit im Weilen. Umranken will Ich dich mit zärtlichen Gespinsten und dir ein Liebesfest aus Anmut, Grazie und Traulichkeit bereiten. Sei in Mir der Liebe Flötenton und schärfe deine Augen in Begeisterung und rauschender Vergnügtheit an den Meinen.

5.18

Freies Geistwehn ist Mein Brausen, Rollen, Grollen, Tun. Es erstehn vor Mir Gewalten, Lichtabgründe und Verzauberungen aus dem Nimbus des Gedankenschaffens, den Ich an allen Fronten Meines Daseins wirken seh. Werdelust weist Mir den Weg in wundersame Labyrinthe und Verschnörkelungen, die Ich fasziniert durchgeh, um Meine Abenteuerlust zu stillen.

Nun fügt es sich, dass neue Welten sich ob Meinem Streich und Strich zusammenfügen, heitere und laue, die in Resonanz, Befruchtung und Versöhnung zueinandertreten. Ich bekenne Mich nach Herzenslust zu ihnen, weil Ich ewig ungetrennt in ihrer Mitte steh und Mich an sie verstrahle.

Die Feuer aus der Höh sind's, die sich unerschöpflich ins Gewissen malen, Meiner Kunst gemäss, zu intonieren und in Freudenhymnen aufzugehn. Leuchtende Gespinste sind's, die unverwechselbar und siegreich Meine Handschrift an sich tragen. Eine winzige Welt die deine, währenddem Ich alle, alle mühlos und gelassen, nüchtern, seelenselig und von Mitgefühl gespiesen in Mir überschaue.

Das Ebenmass und die Verständigkeit hab Ich erfunden, dass sie wie Sterne leuchten an des Seiens Horizont, um der Entfaltung Meiner selbst zu dienen. Wie in des Säuglings Keimen wachse Ich in Myriaden Schössen unerbittlich zu Mir selbst empor, fürs Unerhörte und Bedeutende entschieden. Ich will, was Ich Mir auferlege, und wache über Meine Sittsamkeit in jeder Einsicht, die sich eine stillgewordne Seele in der Menschenwirklichkeit gewährt.

Komm zu Mir in deinem Mich-Umrunden, sag Ich ohn' Unterlass und deute dir die Dinge, wie sie wirklich sind in Meinem Unterfangen und Mit-liebevoller-Meisterschaft-Durchwehn.

5.19

Heiterkeit des Seins in Wohlfahrt, Gläubigkeit und götterlichtem Überwinden. Wie Bin Ich froh in eigner

Dichte des Gewahrens, wie reizvoll in der Fülle der Ereignisse, die Ich seinsgewandt zum Guten führe. Kraftvoll, machtvoll darf Ich Mein Erhabensein in alle Weiten strahlen, darf der Liebe Born und aller Güte Träger sein in wunderbarem Heilen. Teilen und Begeistern ist Mein Los im Auferstehn der Vielen, die die Welt begriffen haben und sich Freunde Gottes nennen dürfen in der Lebensliebe lichter Kür.

5.20

Dein Vater aller Himmel zugetan Bist du. Voll Güte trag Ich dich ins Buch der Weisheit ein im Menschenweben. Da frag Ich nicht: Wohin? Doch heitere Ich auf, wo etwassich verbogen, finde gute Worte, wo das Tröstliche ein Schrittchen weiterhilft, und singe dir ein Liedchen, wenn dich die Ängste vor dem Künftigen bedrohn.

Reich und rein ist, was Ich so verströme an die vielgepriesne Schar der Sucher Meiner Günste und Beförderungen. Durch Belasten mach Ich gross und durch das Ruhverteilen heiter in der Seinsgeschichte Meiner Lieben. So entsteht das Zierlich-Ziselierte, Heile, Sanfte und Beglückte im Bewusstsein Meiner Näh'. Horch und finde, trau und überwinde, dann ist alles gut und Güte der Allherrlichkeit, was du erfährst und weiter fahren lässest in der Zunft der Fahrenden nach Gottes Plan.

Schweigend öffnest du die Schleusen, die dem Leben Sinn und Wert verleihen und beglückst den Tag mit auserlesnen Weihegaben.

5.21

Festival im Ewig-Weilen. Strahlende Gewissheit, dass du Bist und würdig aller Würde in holdseligen Göttersphären. Sein vom Sein und Wonnesein in Wonne Bist du in der lichten Harmonie, die alle Himmlischen um sich verbreiten. Wunderbar zu spüren, dass es keine Sorge gibt im Gegenwärtigsein des Ewigen, das dir verheissungsvoll beschieden.

Du schaffst, indem du siehst, wie sich die Dinge generieren, aus der Lust am Fabulieren und dem Wissen, dass das Werden und Vergehn der Wohlfahrt deiner blühenden Gedanken und Gefühle sich dahingegeben. So wie du Bist wird alles in vollkommner Grazie und Liebenswürdigkeit vor dir erstehn. Aus Urstoff neue Formen schaffst du, Farben und Veränderungen in der lichten Atmosphäre deines Seinsbezugs. In Zartheit weckst du, was da werden soll und hütest es vom Keimen bis zum selbstbewussten Widerpart im strahlenden Azur. Machtvoll und gediegen ist, was du aus Einfall und Begeisterung in Szene setzest und was sich in der Bruderschaft der Geister unverwandt vollzieht, in Reinheit, Zärtlichkeit und zartem Zueinanderfügen.

5.22

Die Seele schwebt zurück aus hohen, lichten Sphären und weidet sich am Seinsgefühl, dem sie sich dort ergeben. Nun ist's ihr wie ein Hin- und Widerwogen zwischen dem In-dieser-Welt-Erwachen und In-jener-bleiben-Wollen.

Was Liebe ist und Lieblichkeit des Seins will Ich dir sagen: Das allumfassende Gefühl der Solidarität mit allen Wesen ist es, die da sind und sind im Grund genommen nur ein Einziges, das sich am Rande seines Seins in alle Wesen hat verwandelt und in ihnen lebt und webt für Zeit und Ewigkeiten.

Bist du, kannst du dies in deiner Innigkeit erfahren, wo du deine innerste Natur erkennst und wahrnimmst, wie sie ist und wie erhaben.

Nur ein langer Lernprozess kann zur Erkenntnis deiner selbst und aller Wundergaben führen, die du mit dir trägst durch deine Erdentage. Einmal fängst du damit an, dir täglich ein paar Wörtchen vorzunehmen, die ein Geistiges bezeichnen, um dein Bewusstsein mählich loszubinden von dem Weltgepränge, das es wie ein Eselchen am Strick in seine Labyrinte führt. Mach es frei und du darfst die Glückseligkeit verspüren, die im Erkennen des Unendlichen liegt, des Teil du Bist im Wunderbaren.

5.23

Eine ganze Skala von Einsichten, Aussichten und Erfordernissen der Zeit tut sich dir auf, wenn du von höchster Warte aus betrachtest, wie die Dinge wirklich stehn und zu Urfernen weitergehn.

Traust du dich, dir einen Reim auf was du Bist, zu bilden, ist es keine Frage, dass noch alles sich entfaltet und verwirklicht und in unerhörtem Ringen neue, edlere und heiterere Züge annimmt in des Allsinns aberwitziger Gebärde.

Erleuchtung will Ich nennen, was dich anspringt, wenn du vieler seingewordner Wesen Machenschaften und Geheimnisse durchschaust und so das Ungebührliche vom Weitausgreifenden und Reinen trennst, in deiner Weitsicht und Begütung dessen, was sich in Beständigkeit und Weisheit übt im ungeheuren Spielen.

5.24

Unendliche Erleichterung, weil alles so ist, wie es sein soll, in den Gründen Meiner Ich-Natur. Geborgensein in Mir mit wonnevollem Sinn, sind Meiner Seele Inhalt und Erklären. Ich verströme Mich, weil Ich Mich glücklich seh, und lausche den Geschichten, die Ich Mir selber im Unendlichen erzähle.

Als dem Ganzen Beigefügter Bin Ich Mir des Alls Begreifen, wie das Jubeln ob der Süsse Meiner flutenden Gedankeneuphorie. So wie Ich's vermag, kann niemand in des Daseins Hallen seinen Wert beschreiben und die Züge zeichnen reiner Unbeschwertheit und Gelassenheit am Leben.

Was vollkommen ist, kommt immer an, wo sich die funkelnsten der Schätze zeigen. Es überschlägt und braucht der strahlenden Beglückung ob der Fülle, die ihm zusteht, nichts hinzuzufügen. Weise, wissend und erlöst vom Sakrileg, das Ich begangen, schwimme Ich im Meer des Ewigen wie eine zauberhafte Lotosblüte im gestillten Teich von märchenhafter Schöne.

Was ist Bewusst-Sein, wenn nicht eine Schau von überwältigender Lust an dem, was Ist und was Ich Bin in Ihm, befriedet und mit Gnaden übergossen, seelenselig und ergriffen von der Vielfalt und der Farbenpracht der Dinge des Erscheinens. Mein poetisches Gefieder glänzt im Licht der summenden Wahrhaftigkeit, mit der Ich alles überlege. Vertrautheit mit dem Ewigen lässt Mich die Dinge in Gerechtigkeit und Liebeslust beschauen. Nur so entsteht Versöhnen und Umfangen, Heimat und Geborgensein, All-Liebe und Entzücken an der Wirklichkeit der Sphären.

Bist du überzeugt von dem, was dich begnadet und beschützt in deiner Einfalt, kann dir keiner kommen mit der Fragerei nach dem und dem, denn du Bist allem Antwort in dir selbst geworden und verlässliches und wohlerworbnes Ziel.

5.25

Eine lebensfrohe Handvoll Hochkultur ist Mir voll Anmut in den Schoss gelegt, wenn Ich das Sein eratme auf der Spur der Götter, Helden und Erschliesser wunderbarer Welten: Immergrün und Rosenrot, Ohne-falsch und Majestät in corpore. Taufrisch Bin Ich, frisch beschlagen und geschniegelt, liebelächelnd und galant, wachgeworden und erlöst in reiner Kompetenz am himmelhoch gewordnen Leben.

Blitze des Entzückens überzucken Meinen Horizont im Schauspiel allerwürdigster Gelassenheit, das Ich Mir vors Gewissen führe.

Aller Un-Sinn ist gerodet aus dem tausendfältigen Wuchs, der Mich zu Anstand und Vernunft gebracht, wie auch zu liebeleuchtendem Erinnern an das Sein, das Ich Mir im Geheimen mit auf Meine Tour gegeben. Jubel und Begeisterung fällt Mich an, wenn Ich bedenke, dass es keine Schranken gibt im Denken, Seligsein und Tun. Auf Samt und Seide überbring Ich Mir den goldnen Schlüssel zum erhabnen Tor ins Freie künftiger Äonen und bezaubere Mich am Gedanken, dass der Wohllaut Meiner Züge immerzu Allgüte schafft und Lebensliebelächeln auf der sinnverheissendenKometenspur, die Ich vor aller Augen durch den Äther zieh.

Es kommt, es kommt das Glück der Märchenburgen und verwunschnen Haine, der Dornenrosenhecken wie der wachgeküssten Schönen wunderbarerweise auf dich zu und umfängt dich um und um im Strahlen einer Morgenröte der Verwunderung an dir und deinem Weiterleben.

Du Bist und hast dabei den Singsang aller Weisheit neben dich gelegt zu wohlbegründetem Gebrauch und zur Erbauung in allfälligen Nöten. Auf und zu von früh bis spät klappst du den Wälzer, leckst dir die Lippen und erbaust dich an den fliessenden Sentenzen, die dir im Einzelnen erklärt und seinserleuchtet werden.

So edel darfst du sein, wenn dich die Edlen all umgeben, die sich die besten Winke zueinander fächeln und den reich-geschmückten Freudensaal mit Lobgesang und Grazie erfüllen.

Du Bist in Andacht und Ergeben der Einzigartige und der Bescheidene zugleich voll Dankbarkeit am Leben und voll Liebe zu den Deinen, die in ihrem Meinen, Weinen und Bestehn dem wohlgesinnten Herzen nah sind. Alten lächelt eine Zeit der Unbeschwertheit und Gediegenheit entgegen, wenn sie nur entdecken, dass sie sind und dass sie damit in ein Meer von Liebeswonne und Glückseligkeit versinken.

5.26

Eines Götterboten würdig sollst du sein in deinen Äusserungen, deinem Tun und Lassen sowie dem Respekt, den du dem Sein entgegenbringst in deinem Lebensstil.

Gelüstets dich nach mehr, musst du getreulich warten, bis du reich beschenkt wirst mit der Weltengötter Gaben, denn sie wollen, was du Bist, gemessnen Schreitens sich verwandeln sehn. Es gibt den Pfad, und der ist dir geheimnisvoll beschrieben, wie mit des Mediziners rätselhafter Handschrift fürs beglückende Genesen.

So vieles scheint zu kränkeln und dahinzusiechen, doch steckt darin der Aufruf zu Besonnenheit und Selbsterkennen, zu neuem Lebensmut und zur geschätzten Tat an dir und an der Welt, so wie Ich's will in deinem Dich-Verplanen.

Lenkst du ein, so lenke Ich dein Schicksal unbedingt zur Glorie und zum Reichtum reiner Fülle väterlich hinan, um selber Mir die Herzensgüte zu beweisen.

Glücklich sein heisst, Mir und Meinem Anhang zu gehorchen und die Welt als Schauplatz der Entfaltung und Bewährung anzusehn. Alles keimt und blüht in ihr und strebt der strahlenden Vollendung vehement entgegen. So auch du; und dass es sei, sei ohne Murren Mir in Treue und Ergebenheit verbunden, denn Ich führe dich dahin, wo du dich Bist in eigner Kompetenz und eigenem Das-Sein-Berühren.

5.27

Belehrend und erinnernd tauch Ich ein ins öffentliche Leben Meiner Zeit und unterweise Freiheit des Gestaltens, tiefabgründiges Vertrauen in das Sein und makelloses Sich-Verhalten nach dem Kodex der unendlichen Liebe, die alles lenkt, erweitert, festigt und sich urbar macht nach ihrem Willen, ihrer Lust und ihrem Ziel.

Alles ginge gut nach Soll und Haben, als Gewinn an Starkmut, Seinsgesetzlichkeit und sittlichem Betragen, wenn nur die Bequemlichkeit und die Genuss-Sucht nicht so dominant das Menschenvolk zum Abfall von Mir führte, unreif abgefallnen Früchten gleich, die am Erkenntnisweg verfaulen.

Was Ich merke, merkst auch du, wenn du nur aufmerksam und wach durch deine Tage pendelst und dich führen lässest von der Einsicht, dass sich Heldenhaftigkeit und Langmut, Disziplin und Wachheit der Gedanken lohnen.

Du Bist in Mir das Sein von absoluter Ebenbürtigkeit im Teilen und Zusammenfügen, im Wachsen an dir selbst und im Bestimmen, was mit dir geschieht nach Meinem Vorschlag und Besinnen, Meiner Gutheit und nach Meinem Wohl. Schau dich an, derweil Ich dies besage, und versuche zu erröten vor dem Vielen, was noch dilettantisch, ungesund und lächerlich an dir durchs

Leben stolpert, und ermanne dich, im Künftigen bescheidner, wirkungsvoller, liebenswürdiger und sanfter vor dir selber aufzutreten.

Weisst du dich in Mir, so steigt die Ehrfurcht vor dem Sein ins Grenzenlose und du hältst dich wie ein Kreisel auf der Bahn der seinsgerechten Taten. Du verrichtest, was dir frommt, nach Noten, und verhedderst dich nicht mehr.

Köstliche Gefilde des Gehorchens lässest du an deinem Wegrand blühn, und Tapferkeit wie Heiterkeit sind unverzagt dein täglich Brot im munteren Agieren. So wandelst du als Seinsgerechter glückerfüllt dahin und meisterst dich, im Ewigen geborgen, das dir bestens ansteht und in deinem Menschensein den Sieg verkündet über alles Unnatürliche in deiner Lebensliturgie.

5.28

Tiefe Töne, hohe Töne eines Meisters des Gesangs und des Gelingens allen Anschlags im symphonischen Gesang der Welten, wo Ich wahrhaft Bin: So bereitet sich das Sein den Aufwall des Entzückens wie des liebevollen Weilens in der innern Positur. Mir allein gelingt's, soviel an Freude, Friedefertigkeit und Anmut um Mich zu verbreiten, dass darob die ganze Sternenwelt in Schönheit, Minne, Meisterschaft und Sagenhaftigkeit erblüht.

So Bin Ich Mir der Ausbund aller gutgesetzten Taten, wie das Siegel des unsterblichen Gewinns an Lebenslustigkeit und Treue zu den Meinen. Ich finde Mir genau die Mitte zwischen himmelhoch und erdgebunden in der köstlichen Synthese beider Wirklichkeiten zu der einen, wahren, lichten und erhabenen des Seins im ewigen Ursprung und Vollenden.

Siebenfach gewunden Bin Ich um den Heilstab Meiner eignen Güte wunderwirkenden Geschehns. Traulich und gestillt lieg ich Mir selbst zu Füssen nach der bärenstarken Kür, die Ich vor aller Augen in die Welt geworfen. Es ergeht Mir wie dem Meister, der Kaninchen zaubert aus dem Hut und sein naives Publikum mit Tricks betört von seltner Süsse und geheimnisvollem Ausgang lichterloh.

Kann es Schönres geben, als das liebevolle Hinge-wendetsein zu allem Leben, das da Ist und sich galant verbreitet nach dem Mass der Kräfte, die ihm eigen. Alles, alles ist betörende Natur vom Baum zur Blüte, von der Raupe zum dezent gefärbten Sommervögelchen, von dem wir selbst das Naschen und holdselige Getaumel lernen. Schwärmen können wir von seiner Kunst, dem Dasein Heiterkeit und Unbeschwertheit abzuwimmen.

Wo Ich ernte, ernte Ich Applaus, Verehrung, Gottesfurcht und Liebe ob der Zärtlichkeit, mit der Ich Mein Lebendiges erhalte und mit Lebensliebeskraft verseh.

5.29

So Ich nicht durch Schweigen ausmache, wer Ich Bin, kann Ich nichts Wahrhaftiges über Mich und Mein Sein erfahren. Herzensgüte strahlt und strahlt sich selig aus und kehrt, inniglich versehen mit dem Nektar des Erinnerns wieder. Stille schöpft und schöpft aus Urwelt-tiefen Weisheit in die offne Herzensschale und erlabt, erbaut, beglückt und tröstet deren Träger wunder-bar. Jedes reifende Gemüt darf sich ins Wagnis geben, die so zarten Winke einer Geistwelt zu verstehn und ihres Strö-mens Duft und Wohlklang zu vermehren. Harmonie des Himmels strömt hernieder und befruchtet und belebt die Seele für die Wucht der tausend Äusserungen, die ihr täglich aufgegeben. Dann geschieht es, dass sich alles leicht und selbstverständlich ins Geschehen einfügt, das in ihrem Wirkbereich gelegen.

5.30

Ich lass den Geist sein Werk an Mir verrichten, weil die Stimmung auf Erfüllung steht der höchsten Sollbestände, die es auszumachen gibt allhier. Weise sein heisst, jeden Eigennutzes bar sich wie auf Adlerschwingen tragen lassen von der Willfahrt des alleinigen Gerechten, der da Ist und der rumort in Mir in allem Ernste und mit aller Seinsgeschicklichkeit, die er vertritt im Wunderbaren.

Andächtig und gefasst erwarte Ich von Ihm, was Mir beschieden als die Ringelreihenbahn ums Manifest der Güte und des gütevollen Seinsverteilens Seiner Wahl.

Ich grenze aus, was sich ereifert für die Laborvirtuositäten, die da sind, um Seinsverwirrung anzustiften und die Seinswahrhaftigen mit einem Schnippchen zu belegen. Denn alles, was die Seinsbewusstheit angreift, liegt im Argen und gehört durchschaut und abgerissen von der Fahnenstange, wo es sich im Wind in protzender Bravour verwedelt.

Es ist ein liebevoll gesendetes Verduften Meiner selbst, das Ich den Treuen Meiner Zunft gewähre, ein Mass an Wohlbekömmlichkeit, das alles übertrifft, was so daherkommt in des Alltags Schlemmereien, die wie Schwären sind am Menschheitsleib, den Ich verwalte und gestalte zu erhabner Schönheit, liebevoller Taten-trächtigkeit und hellem Wohlverstand in Meinem Sinn und Räsonieren.

Die Weltenliebe wallt durch Mein Gemüt von auserlesner Feinheit, was die Herzlichkeit betrifft im Umgang mit Mir selbst und mit der Schar der Unverzagten an des Lebens Anspruch und Gewähr.

So mancher Klumpfuss ist ein Glück für den, der richtig mit ihm umzugehen weiss und mit Geduld und Anmut trägt, was ihm schlussendlich doch zum Heil gereicht im überirdischen Bewähren. Hast du Einsicht, fügt sich dir das Sammelsurium der Tagesdienstbarkeiten zu einem Bündel wunderbarer Schritte himmelwärts zusammen. Aus vielen Nöten steigst du mählich in das fürstliche Gemach der Sphären, die da sind verankert im Bewusstsein der Allherrlichkeit und Makellosigkeit in Mit

Machtvoll und gediegen fühlt sich alles an, was dann mit dir geschieht, wenn du dem Zahn der Zeit und seinem irdenen Gemalme nicht mehr unterworfen. Ein Freisein unerhört beflügelt dich dazu, das Wekenepos voll auf Meine Weise zu erleben, das die Grösse ist an sich im unnachahmlich zauberhaftem Zirkulieren der Gewaltenströme in der gottgefälligen Natur.

Ich webe Zärtlichkeit des Weilens und Verbindlichkeit des Wohlgesangs der Liebe in die Weiten. Leichten Füsschens hüpf Ich wie im Tanz dahin, wo's gilt, in Blütenkelche einzukriechen, oder ein Bankett mit strahlender Holdseligkeit zu zieren. Heil im Heil darf Ich Mich nennen überall auf Meinen Gütern, die sich in natürlicher Gesprächigkeit ergehn.

So singt's und klingt's in Mir von Gleichmut und Vollenden, von Glückseligkeit und rosenduftender Wahrhaftigkeit im Ewig-Guten, das sich ohne jede Scham in Lieblichkeit und Grazie enthüllt vor Mir.

5.31

Noch eins will Ich dir sagen: Nur in dem, was Ich dir Bin, kommst du auch wirklich wesenhaft voran. Deine Augen leuchten und dein Herz ist voller Minne, Meinem zu, wenn dich nichts anderes beseelt, als Mir zu dienen und dem Hochgebete nachzuleben, das dir zusteht als von Mir gegeben und erwartet, Tag für Tag.

Ich verstrahle Mich in deine Sehnen, dass sie sich inniglich verspannen, um der Liebe willen, die sie für Mich hegen. Ich werfe Mich an deinen Hals, nur, dass du

Mir aufs Wort Gehorsam leistest, aus dem Antrieb innigster Verehrung, die dich Mir verbindet ohne Lug und Trug und mit der aller-zärtlichsten Gebärde, die dir einfällt, wenn du weisst, dass Ich dir wesenhaft begegne jetzt im strahlenden Er-Innern.

Nur die Inbrunst des Gestaltens deiner Lebensziele Meinen überwältigenden zu, macht alles, was du Bist, so redlich, licht und schön, dass alle Welt ins Staunen ausbricht und sich sagt, wie kommt es nur, dass soviel Demut solche Reize haben kann und soviel Unterwürfigkeit ein solches Mass an Macht in sich vereinigt, dass die Wände bersten, die die Selbstgefälligkeit ersann und wahre Freiheit schwillt dem Mustergültigen entgegen.

So kommt's wie's kommen muss, wenn zwei Verliebte ihren Anstand finden und sich wecken in der Innigkeit der lautersten Gefühle, die sich ineinander flechten in der Liebe lichtem Ton. Da erklingt's in reinster Fülle des Vollendens einer Symphonie von seinsharmonischem Geflüster, dem Sich-Kuscheln in ein Bett von Liebesruh und dem Gewahren reiner Seligkeit im nie verebbenden Verweilen.

Meine Weise fügt sich deiner an und schafft und schafft die Süsse wahren Lebens im Allhier, das deine Stätte ist, wo du dich findest im Bewusstsein der Allherrlichkeit, allwie im Frohmut deines glühendheissen Herzens, das nur Mich verehrt und das in jedem Halm und jeder Blüte Meinen Nachruf feiert mit den überschwänglichsten Sentenzen, atemlos vor Wonne und gestillt in unsagbarer Wesensruh.

5.32

Bist du ganz Mich geworden in der unverbrauchten Kraft des Pflichtgefühls, das dich belebt, so hat dein Sinn sich nimmermehr zu wandeln, denn du wandelst wie in Träumen auf dem hohen Seil, das unvermittelt ist an

Meins gebunden und ins endlos weite Wunder des Elysiums führt. Hinan, hinan, gib dir die Sporen, dass du hübsch und heiter das Erhabene umhüpfst, das dir geworden.

Wahre Anmut kann nur Ich und Meinesgleichen in sich tragen, wahre Stärke nur aus Meiner Motivation erspriessen, denn es braucht der Urkraft Rollen, um den Meisterzug dorthin zu führen, wo Ich will und wo der Boden zittert, wenn Ich voll Elan vorüberbrause, eh du dir's bedacht und eh dein Näschen sich gewendet hat nach Meiner Quirligkeit im Weltbegreifen.

Behaupte dich, weil du das Haupt erhebst nach Meinem Unterweisen und fasse dich an allen Enden Meiner Fasslichkeit entgegen, denn, wo du immer schreitest, tust du gut daran, den Boden mit dem Kreuz des Seinsbegegnens zu bezeichnen, damit es alle wissen, wo du stehst und gehst und wo es lang geht in den Lebenssphären.

Schalte dich Mir gleich, und hurtig fliesst ein Strom unendlich feiner Güte durch die Fibern deiner Ich-Natur und du gewinnst von Mal zu Mal in deinem spielerischen Vor-dich-hin-Flanieren. Sei ein Dandy Gottes, und die Haare werden allem Volk zu Berge stehn ob deinem siegessicheren Das-Rechte-Tun, das Ich dir auf die Haut diktiere. Zweifellos geborgen Bist du, wenn dir noch die Zähne klappern von der Kälte einer Welt, der du entfiohn, derweil du auftaust in der Helle Meiner Liebesstrahlen, Komm und mach dir's seinsbequem in Meinen Auen. Schneide dir ein Stück von Meinem Kuchen ab, der dich verköstigt für des Hungers Nimmerwiedersehn.

Mach dir Meine Traulichkeit zunutze im Vertrauen, das du zu Mir hegst und das dich nie enttäuschen wird, weil alles dir gehört, was Ich vertone, und weil alle Klänge Meiner Harfe liebevoll und tapfer dir entgegenströmen. Somnambule Sicherheit soll dich beflügeln, derweil du ganz allein auf weitem Meer Mir zustrebst, Mir, dem Stern in der Unendlichkeit und Mir in deiner Seele bittender Gewähr.

Erhebe dich vom Knien in Tränen und erlaube Mir, sie auszutrocknen mit dem Wind der Grazie, mit dem Ich dich umwebe, mit der Freude, die dich von Mir einhüllt und dich einlullt in den wunderbaren Liebesschlaf der Seinsgerechten, die sich rühmen dürfen der Glückseligkeit, die sie beseelt, und die das Amen hauchen des Entzückens, das in ihnen kreist und sich vergibt an alle, die von seinem Dufte zehren mögen.

5.33

Warm und innig trägt sich Mir das Gotteslob entgegen aus dem Herzen jener, die da Sind und keiner Seinsbelehrung mehr bedürfen. Sie haben jenen eminenten Schritt getan ins Auferwachen aus der Dumpfheit des Gewissens, die noch ach so Viele in sich selbst gefangen hält, derweil die Lebenstage ihnen schattenhaft vorüberhuschen, ohne wahren Inhalt, Gottesricht und Ziel.

Bange, lange Frage, wo stehst du? Wanderst du bewusst in Meiner Seinswahrhaftigkeit dem Licht entgegen, das alles überschwebt, durchtränkt und sättigt, was sich als gezählt, gewogen und geprägt gebärdet, ohne noch zu wissen, dass Ich Bin in ihm das Wesentliche, das im Kommen und Vergehn Unsterblichkeit bedeutet, seelenvolle Wachheit, Wirklichkeit der Sphären und Allherrlichkeit des Seins in überird'schen Meistergraden.

Siehe da, du stehst in ihrer aller Mitten, nicht wissend doch wohin. Du stehst im Glanze mit verbundnen Seelenaugen und brauchst nur die Binde dir zu lösen, um das überwältigende Licht zu sehn, das Ich dir Bin und das Ich Bin in dir in liebevoller Demut und im unwahrscheinlichsten, geheimnisvollsten Seinsentsagen.

Bin Ich dich, so Bist du Mich und ohne jeden Abstrich, den dir noch so viele Weise vor die Nase halten. Taumeln magst du, doch dann fasse dich und juble und begreife, dass dir alle Liebe, alle Tugend, alle Schönheit, alle Sicherheit und alle Seinsglückseligkeit auf einmal zusteht, als gegeben und getan in märchenhaftem Auferstehn vor deinen Seelenaugen. Freue dich zu Tränen, wisch sie ab und jauchze einer Sonnen-herrlichkeit entgegen, die des Herzens Inhalt und des Seinsgewissens Glorie erwirkt, unfehlbar, rein und heilig, hocherhaben und so zärtlichen Gewährenlassens, dass du ganz zerfliessest in der Schau, die dich betrifft und dich erhöht weit über alles Mass, das sich bedenken lässt im schütteren Verstand, den Menschenhirne in sich tragen.

Lebensliebe, schweigende Vernunft, Beschaulichkeit und Güte führen dich dahin, wo Ich dich haben will: Ins Ewig-Gute und Gerechte, in die Lieblichkeit der Sphären und die Liebenswürdigkeit des Daseins, die dich Tag für Tag umgibt, wenn du sie siehst in deinem Streben. Ändere den Sinn, erkenne, was du Bist und sei es, dann bist du genesen, Bist im Heile Christi wohlverwahrt und brauchst nicht mehr zu rechten um die Rechte, die dir zur Verfügung stehn.

Grüsse Mich als deinen Morgenstern und wandre, wandre freudig, heiter und gewissenhaft nur Mir entge-gen, bis du ankommst und dich niederbeugst mit deinen Gaben als ein schlichter König deiner selbst, wie der Glückseligkeit, die dich beseelt im ewigen Erlaben.

Meisterschaft im Dienen

6.1

Friedefertigkeit vor allem ziert die Räume, die Ich Mir zur Wohnstatt ausersehen habe. Es geht nicht an, dass sich auch nur ein Wesen sträubt, dem andern seine Reverenz voll Güte zu erweisen, und ohne nach der Farbe seiner Haut, der Seinsgestimmtheit seines Herzens oder nach dem Grund der Andacht gegenüber seinem Gott zu fragen. Folge Mir, sag Ich in Schlichtheit ohne Pomp und Firlifaria und lass dich vom Gesang des Herzens führen, der sich Mir entgegendrängt in Sanftmut und tiefinnigem Verehren. Es ist die Einheit dessen, was Ich Bin, die alle Völker einen muss, wenn sie den Urgrund ihrer Taten recht beschauen. Ein Irrsinn, sich in Meinem Namen Kämpfe anzusagen, eine Sinnverirrung sondergleichen, Mich zum Zeugen der fanatischen Verneinung anzurufen.

Komm, o komm in Meine Schule des Versöhnens, die die Bruderliebe lehrt und die der Achtung Schwinge über alle breitet, die da sind in Meinem Hause Kindliche und Kapitälchen einer Schrift, die nichts als Menschlichkeit und liebenswürdiges Geschwistersein verbreitet.

Was Ich fühle, fühlen sollst auch du, wie fein und innig Ich die Welt durchwebe mit gedankenreiner Sorglichkeit für alles Leben und für jedes Leid, das mag in ihm erstehn. Ich Bin bestrebt, noch jede Wunde mit der Milde Meiner Hand und Meiner Wohlgesonnenheit zu heilen; niemand soll von Mir in Tränen hoffnungslos von dannen gehn.

Ich füge das zu Fügende zur Fuge allerreinsten Klingens in dem Sinngedicht, das Ich um Mich verbreite. Pausenlos vom Minarett der Gottesgüte ruf Ich Meinen Seinsbefehl in alle Winde und regiere mit der Kraft des Wortes, das die Scharen zur Besinnung ruft, zur Meisterschaft im Dienen, wie zum strahlenden Vertrauen

Meiner Würde gegenüber. Dankbarkeit soll herrschen in den Herzen der Gerechten Meiner Zunft, und zünftig sollen alle sein im Recht-Verteilen, das sie wie Brote nährend und begütigend in alle Fernen reichen, Meiner Näh'.

6.2

Hat alle Menschenwelt das Göttliche in ihren Fibern, so muss uns übergrosse Ehrfurcht vor dem Einzelnen bewegen, der in allen seinen Nöten hilfedürftig vor uns steht. Ein weites Prüffeld wahrer Menschenliebe tut sich vor uns auf, dem können wir uns nimmermehr entziehn.

6.3

Du steckst in einer Dauerkrise allsolange, bis du gleich dem tapfern Schneiderlein die Siebene auf einen Streich auf deinen Gürtel hast geschrieben.

Schlagfertigkeit und Witz gehören zum Geschäft des Lebens, ebenso wie Selbstvertrauen und das Horchen auf Mein führendes Geflüster, das so genial, so reich und reif und leise an dir werkelt, bis du ganz nach Meinem Sinne dastehst und ein Wunder bist an heller Phantasie und heiterm Phantasieren.

Du bezwingst das Riesenhafte locker und gewandt, indem du dich an Meine grüne Seite schmiegst und Mich, den einzig wahren Riesen lässest walten. In Stürmen brause Ich für dich dahin, sofern es gilt, dir Bäume auszureissen; im Lächeln der Unendlichkeit Bin Ich dir hold, wenn du dich nur galant dem Drang zum Eitlen und Verletzlichen entziehst.

Keine Zähne, Liebenswürdigkeit erzeigen sollst du deinen Feinden, bis sie schmelzen ob der Wucht der wahren Menschlichkeit, die ihnen so begegnet und zum Strecken ihrer Waffen führt, kaum, dass sie sie erhoben. Damit weckst du ein dezentes Summen der Gefühle in der Wohlbekömmlichkeit der Sphären, das allem innewohnt, was Ist und was sich selber will verehren. Bade dich in Meinem Unabhängigsein und hänge dich an Meine Fersen im Bewusstsein deines Freiseins von des Selbstgefallens Los.

Erschlag die sieben Fliegen der Verzagtheit, des Tumults, der Widerspenstigkeit, Bequemlichkeit, Verwegenheit, Geziertheit und des Selbstgefallens und erhalte dich in Meinem Urbild der Natürlichkeit und Seelenstärke, als von Mir gegeben und in Mir zum Sein erhöht.

6.4

Von hier und zugleich nicht von hier ist, was Ich dir mit leuchtender Gefälligkeit besage. Der Unruh bist du allsolang verfallen, bis du gänzlich Mir gehörst mit Haut und Haar und deinen Attitüden in des freien Willens Silbermeer. Du weisst, es geht um mehr, als du dir jemals träumen lassen könntest, wenn dich das Glück der Sklavschaft Gottes überkommen soll, denn die ist schon das Allerbeste, was dich treffen kann in deinen furiosen Freiheitstagen.

Du rennst und rennst skurrilen Schätzen nach, verfremdest dein Empfinden und belegst dich mit Ungütern ohne Zahl, bis dich der Überdruss Mir in die Hände spielt der sanften Litanei von wahren Wundergaben.

Inne hältst du, und schon rauschen die Gewässer der Barmherzigkeit an deinem Wüten; tropfenweis besänftigt sich dein Blut und reichert sich mit Meinem Wohllaut an, Entzücken und Entsagen.

Was du in Meiner Obhut aus dir zauberst, klingt dir als ein Märchen paradoxer Widersinnigkeiten in die Ohren; umso mehr erstaunt bist du, wenn alles sich als wahr erweist, was dein Gedankenleben dir als machbar und gediegen vorhält, als gerecht und unbedingt von Nöten.

Narreteien noch und noch wirst du begehn im Bürgersinne, währenddem du dich von Ast zu Ast hinaufschwingst, wie ein Vögelein im morgenlichen Turnfest auf der Futterspur. Unerschrocken führst du dein Geheimnis vor der Welt spazieren und kommst mehr voran als alle Stubenbrüder, die sich weise nennen und dabei ins Abseits rennen von der Gnadenfährte, die sie doch so sehnlich suchen.

Einem sogenannten Unglück muss es dann gelingen, dich auf Meine Fährte abzuziehn und dir wahre Menschenwerte zu vermitteln im Prozess des Lernens, den du schliesslich heil und überglücklich überstehst.

„Bewusstseinswandel" buchstabiere vor dich hin, wenn du bezeichnen willst, was da geschieht. Mit wunderbarer Geistgesetzlichkeit, als eine Ente Gottes, watschelst du den Ködern nach, die Ich dir ausgelegt und findest so viel Delikates, dass dein Schnäbelchen ins Schwärmen und Bestätigen gerät, der Freuden, die dich als von Mir durchwehn.

Bewusst-Sein heisst, in aller Form Gemeinschaft mit den Göttern pflegen, heisst, vom Niemandsland hinauf in Meine Gärten ziehn. Redlich und gewissenhaft geworden, schreibst du einen Dialog der Geistesminne vor dich hin und siehst nicht auf, bis du in atemloser Zügellosigkeit das Büchlein vollgeschrieben und zugeklappt das schön gebundne Loblied auf die Schöpferherrlichkeit, die Ich in dir zu hoher Blüte kommen liess.

Dann heim ins schweigende Beschauen deiner Güter, in den Überschwang an Wonne, den Ich dir bereitet habe. Fest an Fest wirst du Mir feiern der Genügsamkeit am

Leben, wie es Ist, und ist in Mir ein Richtungweisendes geworden, dir, der Welt und aller Gläubigkeit, die harrt der Lösung ins Unendliche der Daseinslust und Harmonie und Seinsbeseligung im Sonnenklaren.

6.5

Belanglos ist, was dich betrifft, persönlich, zeitverschwenderisch genommen, wenn du bedenkst, wie viel am Ganzen, Grossen noch zu tun ist in der Menschenvölker Sein und Strahlen. Helfen und Befördern, mutig machen und Erwecken eines neuen Seinsgefühls in der Gemeinschaft sei dein unbedingtes Ziel.

Abgeleitet von dem Allgemein-Erforderlichen will Ich deine Wirkgestalt vor Meinen Augen sehn. Die Menschenwelt wird nur emporgehoben in dem Mass, in dem das Unpersönliche sich Geltung schaffen kann und Resonanz im unermesslichen Gedankenfluten.

In der Werkgemeinschaft aller Wachen mach dich schön und traue dem, was dir die überaus begabten Geister sagen. Es erweist sich als gegeben und geführt, was sie dir, seelenvollen Sinns, bedeuten und der Welt in Andacht und Gewissenhaftigkeit verwehn.

6.6

Für eine neue Welt die Welt erleben, unbeschwert und ungebunden, darfst du in die Zukunft gehn, sowie dich nichts mehr hält an selbstbezogenen Gefühlen. Was Ich in Wachheit, Überwachheit formuliere, ist der Widerhall von deiner Absicht, dich dem Künftigen zu nahn in neu errungner Unbescholtenheit am Leben. Unbestechlich, wie Ich Bin, muss Ich zuletzt das Letzte von dir fordern an Beständigkeit und Reinheit der Gedanken, an

namenloser Sanftmut der Gefühle, wie am Willen, Meine
Pläne ohne jeden Abstrich mustergültig zu erfüllen.
Sprech dir dies Versprechen in die Seelengründlichkeit
für immer und trachte darnach, es zu halten um der Liebe
willen, die du zu Mir hegst. Achte auf die Zeichen, die
Ich dir am Lebensweg vergebe, um dich unversehrt zum
Heil zu führen.

6.7

Bist du in der Lage, Mich auch wirklich zu verstehn, so
zieht ein Raunen der Glückseligkeit durch deine Fibern
und du Bist dir selbst ein Ass im grandiosen Lebensspiel.
Was gestern noch nicht war, ist heut aufs trefflichste
geworden, indem sich dein Bewusstsein wandelte vom
desolaten Mischmasch der Erkenntnisse zur einen,
überwältigenden, dass du Bist das Sein im Dasein und
damit in voller Redlichkeit und Stärke aller deiner
Aktionen.
Ein jeder Schritt auf dem Plateau der Welt ist fortan ein
gesichertes Den-Lebensraum-Betreten, der dir zusteht,
ist ein wohlgeordnetes Die-Dinge-Ineinanderweben zum
hochdotierten Kunstwerk deiner selbst, das sich wohl
zeigen darf im allgemeinen Kunstbetrieb von Welten-
bürgers Gnaden.
In Mir darfst du dich rühmen, eines Himmels Trautheit,
Wohlgeordnetheit und Grazie in dir zu tragen. Denn
alles, was du Bist, ist Schönheit des Gestaltens, Schaltens
ohne Absicht und Gewährenlassens der unendlich
wunderbaren Poesie des Seins, die sich in Trefflichkeit
und Köstlichkeit beständig überbietet.
Was hast du alles schon erwogen, bis das Eine dich erwog
und damit in dir einem neuen Weltverständnis Tür und
Angel öffnete.

Geschäftige Freude herrscht allüberall, wo du dich sehen lässest auf den Lebensbühnen, denn alles Leben ist von Mir durchflutet und aufs wohlbedachteste und heiss geliebteste durchpulst und angetrieben. Meisterhafte Sicherheit im Führen ist Mir inne, standfest und gediegen.

Es lässt sich nicht ermessen, was es heisst, ein Seinsprojekt für Millionen und Äonen frisch und froh in Gang zu setzen und Mich dabei in aberviele emsige Akteure aufzuteilen, die dem Werk beständig Würde, Fabelhaftigkeit und Köstlichkeit verleihen. Noch jeder Misserfolg ist nur ein unermüdlich Tasten nach Vollendung in der angesetzten Schar der Hüter Meiner Angelegenheiten. Ich Bin Mich in ihnen und sie merken sich allmählich, dass ihr Sein und Trachten eines höheren Bewusstseins Amen ist und Auferstehn.

Es ist die Morgenröte der erhabnen Seinsverklärung, die dein Herz bewegt und mählich das der Abermillionen, die sich reinen Seinsgefühls von Mir bewegen lassen. Es ist das Nonplusultra wahren Lebens, das sie ohne jeden Aufruhr schlicht und ungeziert in sich gefunden haben. Eine Blüte des beständigen Sich-Verduftens-und-Verwehns ist ihres Daseins Freudenfest geworden. Ein Gesandtsein aus der Geistwelt, das Ich aufs entschiedenste bezeuge und betreibe als von Mir gegeben und geführt, von Mir erwogen und für herzensgut befunden, überall im All und bis hinunter ins so liebenswerte Menschental.

6.8

Gelingt es dir, dich frei zu machen von des Taglaufs Blendwerk im Bewusst-Sein, ohne es zu meiden, Bist du der Erwählte und Erhabene im Sinn des überirdischen Bedenkens, das Ich dir vor Herz und Augen lege.

Nimmer wirst du wahrhaft froh, als im Gewissen, Meiner Eigentümlichkeit und Grazie zu gehören. Nimmer enden deine Wünsche, wenn sie nicht in Mir ihr glorioses Ende und damit den Anfang wahrer Glorie finden im Sinngedicht, das Ich Mir Bin und das die Fülle ist in wunderbar beglückten Zeiten.

Ohne Tadel gibst du dich dem Leben hin, das Ich in dir vollführe, und bewegst dich sicher und galant durch Wirrnis und Erschöpfung bis zum Quell der namenlosen Freuden, die Ich dir entbiete. Komm und sieh, wie deine Seelenkräfte, nur von Meinem Guss belebt, als munter sich erweisen und gelehrsam und geduldig, gläubig und mit nichts vom Wege abzubringen, der da heisst: Gehorsam, Tatendrang und Liebe zu der einen, einzigen Wirklichkeit, die Ist und die Ich Bin in Meinem wundervollen Dich-Umrunden-und-Gesunden-und-mit-Heil-und-Heiligkeit-Versehn.

6.9

Es geht um viel, wenn nicht um alles in der seins-lebendigen Kultur, wenn es sich darum handelt, das menschliche Bewusstsein zu entfalten und voll Verve zur wahren Blüte hochzuziehn. Viele, all so viele halten sich noch lebe-lang gefangen in dem Wahn, dass alles um sie her das Wirkliche und Wesenhafte sei, soweit es sich beweisen lasse mit Scharfsinn, wissenschaftlichem Kalkül und immer feiner abgestimmten Apparaten.

Beinah alles stimmt, was sich die Menschen so besagen, doch wenn sie meinen, dass das alles sei, was Ist, so sind sie gründlich auf dem Holzweg und verneinen eine Welt von wunderbarer geistiger Potenz, die hocherhaben über allem steht, was die gelehrten Menschenhirne je erfahren. Doch soll es sein, dass ihnen im geduldigen Bescheidensein das Überirdische zuteil wird im Erkennen, dass sie sind das Seiende, das unbeweisbar und erhaben Urgrund ist und Leben, unergründlich Weben und gewissenhaftes Streben unbedingt in aller Kreatur und aller sprossenden Natur, die sich so überschäumend lebensfroh und wild gebärdet in des Keimens, Wachsens und Erspriessens meisterlicher Signatur.

Du kannst, wenn du nur willst, in deinen Adern, Ahnenreihen und Gewinsten Götterblut entdecken, das aus unsichtbaren Geistesströmen sich verflüssigt hat und nun als roter, warmer Lebensstrom das Wirkliche und Wirkende durchpulst und Wille ist und Kraft und Schlankheit, Fülle, Liebenswürdigkeit und Schönheit des Gebärens.

Du Bist und nennst dich Wesen und Geschöpf und Bist zugleich das Schaffende an sich, das sich in dir verwirklicht, stählt, veredelt, liebt und in äonenlangem Reifen zu bewundernswerter Blüte bringt in unwahrscheinlicher Grandezza, Grazie und seligmachender Gewissheit Seines Seins in wundervollen Sphären und Geborgenheiten.

Warte nur, Ich will dich weisen zu den Toren der Glückseligkeit im Weilen, zum Überwinden der Vernunft und zum Erfahren der Gottseligkeit und Harmonie im Wunder wahren Seinsgedeihens.

Licht im Lichte Bist du dann, der Strahlende im Sternenreigen, wie der Mustergültige im Alphabeth der Hoffnung auf Erfüllung aller Wünsche und erstrebenswerten Kulte um das Höchste, das es zu erringen gilt und das im Seinsbewusstsein seine Stätte findet, seines Heldentums Besingen und sein Ruhn in seinspoet'scher Zärtlichkeit, die allen Liebens Seim ist, Wohlgelingen und beglückende Manie.

6.10

Allem Gehetze zum Trotz Zeit finden für das Sein im Sein, ist wahre Weisheit und die Krone des lebendigen Lebens. Auferstehen ins Verständnis deiner selbst darfst du zu jeder Stunde als ein Aufbruch in die Seligkeit der Sterne, wo dir rein und unbeschwert der Glanz der Ich-Natur entgegenleuchtet und alle Fesseln fallen hinter dir.

Was Ich meine ist das Eine, das für alle offensteht, die sich nach Klarheit, Seinsbeständigkeit und liebevoller Leichtigkeit des Daseins sehnen. Im Atem der Unendlichkeit erklärt sich dir des Seins Manier, die allem innewohnt, und die gewohnt ist, alles zu ertragen.

Wieso dann rechten um den ersten Platz, um Vorteil und Gewinn, wenn aller Fülle Seim sich wohlgefällig um dich breitet und die Lebenslustigen in einem Meer von Seligkeit und Wonne ihre Ruhe, ihr befriedend Selbstgefühl und das Verzeihen an sich selber finden.

Wie Perlen reihst du auf die Zeitenschnur, was dir an Wohlgefälligem geschieht, derweil du horchend und begeistert dein Erleben aus den Gründen wahren Lebens ziehst und dich erfreust elysischer Gedanken, die dir im Lächeln der Unendlichkeit entgegenleuchten. Lichterfülltes Weben in der Leichtigkeit des Herzens ist dir inne, währenddem die Grazie der Zeit dein eigen ist für Ewigkeiten. Du Bist und hast den Einstand aller Ruh gefunden, die noch jedes Wellenkräuseln glättet bis zum Gehtnichtmehr und die in aller Form daraus die schönsten und beseligendsten Schöpferkräfte lässt erspriessen. Aus Ruh erschafft sich alles, was Bestand und Güte hat und Himmelssegen. Aus der Beständigkeit des Seins erblüht das phantasiebegnadete Gestalten neuen Wohllauts der Gesänge, Farbenklänge und Begünstigungen eines Lebens in Natürlichkeit und freiem Dasein in der Welt, die du dir schaffst, o Mensch, mit jedem perlenden Gedanken, jedem Handgriff und mit jedem Schritt, dem Sein und dem Glückseligsein in Mir entgegen.

Ich komme, wo und wann du willst, dich baren Haupts zu trösten, zu umfangen und voll Zärtlichkeit dein Lied zu hören vom Erbarmen an dir selbst und von den Weiten, die du dir errungen. Ich stör dich nicht in deinem Dir-den-Lebenslauf-Erzählen, doch lauf Ich neben dir, so wie du Bist und sein willst, durch die Zeiten, und belehre und erlabe dich in nie erlahmendem Gedulden. Wie könnt es anders sein, da Ich dein Wesensgrund sowie dein Hingewendetseins Bedenken Bin, da alle Meine Fäden dich durchlaufen und die Urkraftfülle dich von Mir durchströmt. Weise deine Weise Meiner zu, und du bist hoch erhaben über jede Unbill, die dir zustösst, währenddem du dich in Sicherheit und Seinsgewiegtheit weisst in allen Lebenslagen.

Lass es gut sein, was dich so betrifft und was dem Welten-sein Genüge schafft und Glanz und Gleichmut und Glückseligkeit in wundersamer Anmut und in göttlichem Erlaben.

6.11

Voraussicht im getragenen Verweilen und Erspüren der verschiedenen Notwendigkeiten sind von Mir. Ich sehe klar, wo alle in sich selbst Verliebten wie in einem roten Dunst nach ihrer Willkür und Geschliffenheit agieren.

Mir fallen die Gebete jener Gläubigen in den Schoss, die barhaupt und ergriffen auf Mein Wohlgefallen zählen. Sie und Mich ergreift Erbarmen an der Sache des Gerechtseins hier und dort im selben Zuge und damit auch die Lösung ins vertiefte Wissen, das Ich Seinsgewissen nenne an der Herzenstür.

Meine Kunden sind nicht etabliert im Lebensflusse der Durchtriebenen, die nach dem Wind der Wohlbekömmlichkeit auf weichen Sohlen fürbass gehn. Die Unpersönlichen sich selber gegenüber sind's, die ihren Zweck im Dienen an der Weitgemeinschaft finden und der Heldenhaftigkeit in just den Sparten, die in ihrer Konsequenz ans Seinslebendige rühren.

Was ist die Tugend andres als ein lebelanges Wachen über jeden Schritt, der sich in einen Fortschritt soll verwandeln? Was ist der Taglauf der Gerechten bessres als die Müh und Not, gerecht zu sein und liebenswürdig, aufmerksam für alle Nöte der Getriebenen, geduldig und gediegen an dem grossen Werk der Gottgefälligkeit, das sich durch Zeiten und Äonen in die Aberlänge zieht, die nur die Hellgewordnen recht begreifen?

Um solchen Preis schlussendlich ist, was niemand glauben wird, Glückseligkeit zu kaufen. Denn ein gläubig Herz kennt keine echten Sorgen im Allhier. Es weiss sich wohlgeborgen in den Kräften die allgegenwärtig sind und die in Wirklichkeit und Wahrheit alles Seiende regieren. Zwar bist du frei in deiner Eigenwilligkeit, in jedem Falle Ja und Nein zu wählen, doch hast du dich erkannt als das All-Eine, bist du auch dem einen Willen untertan und einer Macht, die sich in dir erhebt aus aller Selbstgefälligkeit und allen kleinen Menschennöten.

Ich Bin, weisst du zu sagen, und bestimme Mir das Vorrecht, mehr als alles noch so Glänzende und Glitzernde der Masken und Maskottchen einer Welt zu sein, die sich im Niedlichen und Friedlichen verliert und ohne Verve und Würde Stund um Stunde lässt in feiner Skrupellosigkeit verstreichen.

Hast du dies: Ich Bin, begriffen, läuten dir die Glocken der Unendlichkeit den ewigen Herzensfrieden ein, der allen Seinsergriffnen innewohnt und der an ihrem

Sich-Verstrahlen ist zu spüren. Ihr Weh ist keins im Blick auf Ewigkeiten, denen sie getreulich angehören. Ihr Wesen ist von Reinheit ein Idol, durchsichtig wie Kristall und liebelächelnd wie der Rosenquarz im Raritätenladen. Wahrlich sag Ich euch, wie's kommen muss, wenn alle Stricke einst gerissen sind der so gerissenen Geschäftemacher und Magnaten. Abfall sind sie, an sich selbst Verschwendete im Strom der Seinsbanalen. Du aber hast dem Witz der Witzigen zu entkommen auf der Narrenbahn, die jenen vorbehalten ist, die nur der Lieblichkeit der Gottesliebe leben. Was sind Vertrauen und Geduld denn, als das Liebenswerte in der Werkgemeinschaft der Verfemten. Wie gehörig packen sie doch alles wahrhaft Zukunftsträchtige an, indem sie Bohlen über Sümpfe legen, Tritte in die Felsen schlagen und den Aufstieg wagen in die Sphären der zartluftigen Geisteshöhn. Belächelte sind sie und zugleich Wissende, dass all so Vielen noch das Lachen wird vergehn, wenn eine neue Menschheitswoge alles Niedliche und Sündliche hinwegschwemmt und nur noch das Heilige und Heile zählt vor Gottes sakrosanktem Silberthronen. In zartem Anerkennen der Gesetze des Elysiums erröten sie vor dem so bräutlichen und zärtlich sanften Seinsumfangen, das sie in den Wesenstiefen anrührt und erlöst und selig macht wie nichts zuvor und das dem ewigen Lichte angehört im wunderbaren Seinsvermählen.

6.12

Verschränkt und zweckgebunden heben sich die Flammengeister himmelan, die die Jahrtausende mit ihrem Dasein prägen. Geliebte des Allherrlichen sind sie im grossen Götterwalten, das das Firmament zur Regelmässigkeit erzieht und dem Lebendigen auf den Planeten

Seelenstärke, Seinsbravour und Siegessicherheit beschert.

Ich weiss um eine hochgebenedeite Reiterschar, die jeden Abgrund leichthin überspringt und mühlos jeden Ort erreicht, der ihr zum Freudenziel gegeben. Ihr Sinn und Zweck ist, einzugreifen, wo Gefahr des Niedergangs besteht und wo die Hilfe rettet und besänftigt im chaotischen Getriebe.

Gütespendend lass Ich so die Leinen des Gerechtseins los und überwalte die Bezirke Meines Höhwärtsstrebens. Weit aufgestossen habe Ich vor Mir das Tor zur Redlichkeit der Sphären für die Völkerscharen, die in ihrem Gang zur Sitte bei Mir Anklang finden und Bestätigung der Herzensfreudigkeit, die ihren Gang und Sang begleitet zu den Höhn.

Ich schaue eine Zukunft der Vereinigung und der Versöhnung der Geschlechter der Gerechten, die sich an die Seinsgesetze halten und für ihr Heldentum erstrahlende Bewusstheit ernten. Gravitätisch, wohlbesonnen und geschickt ist ihres Schreitens Zug durchs Dornenvolle, das sie mit dem Lächeln der Beständigkeit quittieren. Unendlich rege sind die Seinsvernünftigen dem unsichtbaren Göttlichen auf der Spur, das ihnen Stärke ist und Wonne zugleich im Gefecht der Seelentiefen. Aufbruch, Ankunft, Ringen, Rast, Befehl und Liebenswürdigkeit aufs selbstverständlichste vereinen ist ihr Ziel, und aus dem ewigen Leben eine Wunderblume stilisieren, ihres Wirkens Hochgesang und Freudenruf.

6.13

Gedanke um Gedanke schwillt ins lauschende Gewissen, wenn du selber nichts mehr denkst, damit Es denken kann in dir. Getreulich, unnachahmlich folgt das Seinsgewissen der Belehrung, die ihr in der Innigkeit des Schauns zuteil wird offenbar.

Bist du in der guten Stube deines göttlichen Idols, kommen dir die Dinge wie geschliffen und galant und liebenswert entgegen, die du dort versammelt siehst, in geduldigem Zusammenfügen. Es ist die Kammer deines herzlichen Erinnerns, welche dir das Beste darstellt und das Wohlgesonnenste im natürlichen Erleben. Als ein freudig Findender gehst du in ruhigem Bedenken dort umher und labst dich an den Bildern, die dir wohlgemut entgegenblinken.

Das Vergangene ist wie ein Fundament, auf dem du dich im Jetzt bewegst mit deinen Ruhmestaten. Hilfreich ist es deinem Fortschritt und Erfahren, wenn du stets das Allerbeste machst aus dem, was dir geschieht im schicksalhaften Vorwärtsstreben.

Die Bünde, Gründe und Gewinde, die du locker und gelöst zum Sein verdichtest in den Lebenszeiten, sind von Meinem Gegenwärtigsein ein Zeichen, wenn du deines Daseins Motivationen und Impulse recht verstehst. Es ergibt sich so ein reizendes Gemisch aus dem, was du dir einzelgängerisch erworben, und dem, was Ich dir Bin im wunderbaren Überschauen der Gegebenheiten und Gelegenheiten souverän zu sein und sakrosankt und sicher nach Belieben. Deine Fracht ist schwer und schlingert, Meine höhenluftig, heiter, leicht und redlich aus dem Sein getrieben. Wähle du geschickt dein künftig Los, indem du Mich erwählst in deinen unerhörten Ambitionen, dass dich darob ein Freudenfiebersein befällt in immer hitzigeren Graden.

Alles wird, und wird von Mir zur Gottesliebe hochgezogen. Alles reiht sich in Bewusstheit und Belebtheit aneinander, was Ich tu im Sinn der Ganzheit, Überlegtheit und Erhabenheit der Seinsstrukturen. Wache auf an dem, was Ich dir intoniere und erfreue dich am hochbedeutenden Befehl, der sich allwie ein roter Faden unübersehbar durch die Länge deiner Tage zieht, dein Menschensein zu zieren und dein Herz in Wonne zu versetzen am Gelingen dessen, was du anberaumt und ausgetragen.

Atme Meiner Düfte vielverheissendes Arom tief in dich ein, dass sie zum Gück dir werden und in langgedehnten Zügen wieder sich in glücklichmachender Manier der Wesenswelt verströmen.

6.14

Grund zum Scherzen, Grund zum Herzen in der fabulös gewordnen Zeit. Eh so heiter, voller Spannkraft und gehöriger Gefälligkeit ist alles um Mich her, dass Ich darob in einen Freudentaumel sinke. Seinsgewinn ist das, was du erlebst in solchen Augenblicken der Gediegenheit am Menschensein in der sich schaffenden Natur. Du stössest deines Lebens Schifflein wie mit einem einzigen Ruderschlag weit, weit voran und lässest es gekonnt die leicht geschürzten Wellen schneiden der Bewegtheit des Geschehns. Es mag sich dir, was will, ereignen, du bist gewappnet und gestählt, es wie ein Spiel in Leichtigkeit und Festlichkeit im Überschwang der Siegerfreude aus-zutragen. Nicht das, was es an Müh und Aufwand kostet, schaust du an, doch, was es bringt an Fabelhaftigkeit und Freuden, zählst du in der Herzensmitte und erzählst dir noch und noch vom Wunder des Erfolgreich-Seins im edlen, hochdotierten Streiten.

Dass du singst und jauchzest, ist der Selbstverständ-lichkeit anheimgegeben, mit der du deiner Züge Mass erfüllst im masslos glücklichmachenden Agieren. Seinsbelebtheit sondergleichen hält dich auf der Bahn der hunderttausend Möglichkeiten, deines Wegs zu gehn, und jeder, die du wählst, das Beste, Wohlbekömmlichste und Liebevollste abzuringen.

Bände sprechen deine Augen vom vollendeten Gestilltsein in der Harmonie mit allen Lebensdingen, die da sind, und in sich ihren Wert und ihre Wirklichkeit begründen. Lächelnd trägst du ihr bezaubernd Blinken als ein Siegeszeichen in der Zeit voran und enthüllst die heitere Erregtheit deines Inneseins in ihrem Glanz und ihrem seinslebendigen Strahlen.

Wie nicht von hier erscheint dein Wesen denen, die da aufmerksam und wohlgewillt durchs Leben gehn. Ein ganz Besonderes und Auferwecktes und Erhabenes und überaus Geduldiges erklärt sich den Genossen deiner Tage, die da ihrem vollgestopften Job obliegen. Du schweigst, derweil sie eifrig durcheinanderreden und erschweigst dir lächelnd eine Lösung der Probleme, ohne Brechen, Hächeln und Erwägen von Gefahren. Meisterschaft im ruhigen Erwarten, was da kommen mag, ist dir gegeben, weil Ich ständig komme und im Augenblick bei dir bin, wenn es gilt, ein Sträusschen auszutragen. Es ist Mein Kampf, der dich des Kämpfens ledig macht im Nu der guten Gaben, die Ich dir gewähr. Es ist die Leichtigkeit im Lichterscheinen, die dich überkommt von Mir, wenn's dunkel ist in dir geworden. Ich verscheuche jeden Nebelstreifens Ungemach aus deinem gläubigen Gewissen und erhebe dich in Meiner Sonnensphären sagenhafte Seinsnatürlichkeit von Gottes Sinn und Gnaden.

Nun, das ist's, was Ich erstrebt und wunschgerecht besiegelt habe. Voll des Dankens übervoller Herzbewegtheit darf Ich sein vor so viel Wohlverstand und Wohlgesonnenheit des Lebens, die Mich in dem glückselig machen, der da seine Schäflein einzeln zählt und jeder Flocke ihrer Wolle ist aufs innigste gewogen.

Mein Spruchband in den Tag ist: Sei und sei in eines Gottes Willen deines Tags Befehl und Sitte in der Siegerlaune der Gerechten und des zärtlichen Geduldens an der Fülle, die da unausweichlich, weise und begeisternd kommen mag.

6.15

Solang wie breit in deinem vollnatürlichen Erleben Bin Ich dazu angetan, dich deiner Linkischheit zu überführen, denn es ist so wahr, dass dir in deinem Muntersein die Schräubchen locker sitzen und gar manches Fell davon-schwimmt, eh du dich begreifst als Sein von Meinem Sein im göttlichen Umrunden.

Dann trägst du, hellbewusst und heiter, was du Bist, von dannen durch die Unermesslichkeit von Raum und Zeiten. Als ein Funke der Unsterblichkeit fährst du durchs Ätherlicht dahin und weitest deine Attitüde von dir selbst mit jeder Seinsverwandlung, der du dich voll Verve und schicksalhafter Blösse unterziehst, um deines Mehrseins Glorie zu erreichen.

Dein Bewusstsein senkt sich in die Göttersphären abertief hinein und trinkt und trinkt Glückseligkeit in ihren Wundem. Sieh es als dein Vorrecht, an die Güte des Allherrlichen zu appellieren, dass Er dir aus Seiner Fülle volles Recht gewährt und dich im Seinsverständnis unterrichtet, ohne das Geringste zu verbergen. Denn es ist auch hier die Liebe liebevoll am Wirken und die Zärtlichkeit versingt voll Grazie ihr Lied.

Wie könntest du der Lust nach Liebewärme menschlichen Formats entsagen, ohne dafür Himmelszärtlichkeit, Geborgenheit im Sein und Seelenseligkeit im Lichte zu ersehen. Ungebunden und vom Blütenkranz der duftenden Holdseligkeit umwunden, weilst du in den Reichen der beglückenden Manie des Dich-

Verschenkens und erklärst dich als gestillt und abgefunden, als gelockert und erlöst. Hochbefriedet und getragnen Schreitens wandelst du durch die Agora der Bedächtigen und Weisen und behandelst dies und jenes in der freien Rede, die die Seinsvernunft dir reich gewährt und der du dich bedienst, um einer Welt von Wohlverstand und Sitte neue Werte zuzulegen.

Geschwisterlichen Anstands reichst du den Getreuen beide Hände zum Versöhnen aller Gegensätze und berufst dich auf die Kenntnis des Vereintseins in dem Einen, das da Ist und alle Wesen mit der Lebenskraft begabt aus Seinem Kraften, mit dem Sein aus Seiner seienden Gewähr und mit der Lieblichkeit aus Seinem Blinken.

Rufen darfst du nach dem neuerstandenen Beruf der Gottesebenbildlichkeit, die wie der Blitz in dich gefahren und dich adelt, transformiert und überführt ins überirdische Gewahren. Was sind Elysiens Ufer, wenn nicht, im lächelnden Begreifen, das Erfahren, dass du Bist, derweil des Seiens Sein die Wunden dir verschliesst, die je das Leben dir geschlagen. Dir ist die Allnatur zur grossen Trösterin geworden und zur Behüterin der Werte, die sie dir vergeben. Im Reinen musst du nicht mehr kämpfen, im Wunderbaren glänzt der Sieg dir als ein Amulett der strömenden Glückseligkeit entgegen, die dich vollkommen stillt und im Gestilltsein dir beseligendes Schweigen nahelegt für wonnevolle Ewigkeiten.

6.16

Kräutersuchern gleich sollst du den feinen Düften nachgehn, die dich in den Lebenshain entführen. Hier gelten Ebenmässigkeit, Gedulden an dir selbst und Seinsvertrauen ebensoviel wie im Wald die köstlichsten Aromen.

Immer ist das Feine, Feingefühlte das Entscheidende im Leben, das wir allzuoft noch übersehn.

Manche leise Ahnung ist ein Ruf der guten Geister um dich he; der mahnt dich vor dem Ungebührlichen und rät dir inniglich, dich besser aufzuführen.

Sehr erfinderisch bist du im Gründe-Suchen, die's gestatten, dass du noch einem jeden Herzenswunsche hinterherrennst, ihn mit Müh und Not und Peinlichkeiten der Erfüllung zuzuführen. Leg dir ein feines Näschen zu im Unterscheiden, was dir wirklich frommt im Toben deiner Tage, dass sie dir beim Vorwärtskommen nützlich sind im bewussten Schreiten zum Idol.

Das Wesentliche suchen, finden und begehn soll dir zum Spiele werden in der lebelangen Operette, die du aufführst vor versammelter Gemeinde und vor bestens amüsiertem Publikum.

Du sollst lernen, in der Tat aus dir herauszugehen und dein Betragen wie von Ferne anzusehn. Damit schaffst du Wohlgewinn an Tugend und Besonnenheit in deiner Akribie des Werkens und Gestaltens und Die-Welt-verändern-Wollens um dich her.

Lass es gut sein, wenn Ich dich dabei begleite als dein liebeflüsternder Gespan, der sich in allen Wassern auskennt und gerade das Erspriesslichste und Wonnevollste für dich auserwählt im Wohlklang deiner Werdezeiten.

6.17

Dabei gestaltet sich die Gotteshebe immer mehr zu einem sagenhaften Märchenspiel, in dem die Güte des Gelingens und die Tugend des Gerechtseins unbedingten Vorrang haben. Vom Hier zum Dort heisst die Parole, die nun offensichtlich alles Seiende zu einem Einzigen und Einzigartigen verbindet, das Ich Lebenswürde nennen will in allen Breitengraden.

Besiehst du dir das zärtliche Gepläntel, das zwei Jugendliche in des Daseins Maienluft vollführen und erhebst du dann den Seelenblick zum reifen, treuen Miteinandergehn der Hochbetagten, im Verbande einer Freundschaft lebend, die ins Unendliche reicht in ihrem wunderbaren Wesen: Immer ist dabei das Göttliche mit im Spiel. Und es ist an sich die Liebe, die die Fäden spinnt der Lieblichkeit des Seins in allen Reichen und Begünstigungen eines Daseins voll dezenter Wohlfahrt, zartem Zueinanderstreben, lächelndem Gewährenlassen und unendlich graziösem Voreinander-sich-Verneigen.

Was die Selbstsucht trennt, das hält die Sympathie zusammen, und im Bogen der All-Einigkeit vereint sich wieder, was im Lebenskampfe sich vereinzelt hatte. Sprichst du das Herzliche in allen Dingen an, so kommt es dir im Nu entgegen und gewährt dir alles, was du willst im Überschwang der zärtlichen Gefühle, die da sind ein Zeichen des unendlichen Gewährens. Mit Geduld gewinnst du, was auf ewig schon verloren schien und mit gewinnendem Entgegenkommen nährst du die Flamme einer Freundschaft, die dem Menschlichen den Adel der Unendlichkeit verleiht, wie das Bewusstsein, dass die wahrsten Liebesabenteuer unfehlbar bis in die Sternenweiten reichen.

Im Grossen spekulieren ist so schön und auf das Ganze gehn ist immer auch ein Vorwärtsschreiten auf ein unermesslich Ziel. Dabei hast du bei allem Eifer nichts mehr zu befürchten, weil du das Kleinliche und Widerspenstige verlässest hinter dir und in der Tat Begeisterung fürs Wesentliche, Tiefgefasste und Beglückende entfaltest.

Frommsein heisst, allein dem Göttlichen gehören und darauf bedacht sein, alles nach Ihm auszurichten in des Lebens Drang und Zitterspiel. Es befreien sich die Geister von den Ängsten und Verkettungen am unfehlbarsten, wenn sie unbedingt dem Lächeln der Natur die Treue halten und hinter ihr den Zauber eines geistigen Agierens schauen, das weit über allem steht, was wir im Hier ins dürftige Begreifen treiben. Einstand trinke dir ins Göttliche, das voll Seinsbarmherzigkeit geneigt ist, bis ins Kleinste vorzudringen, um es in die Meisterschaft des Seligseins zu heben. Seine eigenen Gewinste legt es bloss, wenn es in dir das Fest der Trautheit feiert mit der Labsal des Ich Bin, die sich das Selbst gewährt im Liebetauschen. Wohl steht dir's an, im innigen Beglücken aufzugehn, das mit der Seins-erkenntnis Hand in Hand einhergeht in der wunder-barsten Liebeszärtlichkeit und Grazie des Erlangens.

Du staunst und lächelst und begehrst nichts mehr, wenn du im Weiselosen aufwachst von des Lebens Nöten und inmitten der Geselligkeit ganz einsam Bist in Dem, der Ist dein einziger Gefährte und dein Seelenjubels Einfalt und Genügen.

6.18

Ist es das, dass Ich in weltenmännischer Manier Mein Sein bedenke und darin das Fernste mit dem Nächsten treu und neu verbinde in unendlichem Gedankenstossen? Lass Ich Mich ins Weltgefüge führen in der Andacht des Betrachtens Meiner Angelegenheiten als verbunden mit den höchsten Höhn und mit den innigsten Bezügen zum Allherrlichen, in dem Ich wese?

Soll Ich Sonne sein im Ozean des Zeitlichen an einer wohl-bedachten Stelle, so muss Ich jetzt damit beginnen. Das bedeutet, dass Ich leuchten, strahlen, Mich vergleissen soll mit reinen, lichten Liebesgaben,

Nicht Ich, der Christus in Mir, soll die Lebenskunst betreiben, die einer Menschheit zur Erbauung und Erlösung dient in friedurstigem Vorwärtsdrängen, Hoffen, Sinnen und Gewinnen überall.

Der erste Schritt in eine Ferne der Holdseligkeit muss jetzt erfolgen, weil ein jedes Warten zur Distanz wird hinter denen, die ihren Lebenssinn bereits im Vorwärtssturm gefunden haben. Es ein köstlich Unterfangen, dich wachgewordnen Blicks im Evolutionenstrom willkomm zu heissen, mit allen deinen Werten und Begünstigungen, die dir treu und kämpferisch zur Seite stehn. Ein weiter Weg ist dir beschieden: Wachsend und erkennend, hebend, tapfer und bewusst sollst du ihn gehn, als ein Verklärter der Unendlichkeiten, die dir innewohnen. Du staunst und mengst dein Staunen in die Absicht, die Ich mit dir hege, denn je bescheidener du dein Persönliches in Szene setzest, umso ungenierte; wendiger und glorioser kann Ich mit dir umgehn im erklärten Seinsbetragen. Nichts weiter sollst du wissen, als dass du Bist Mein Sein in wunderbar erwiesnem Überragen. Heiligkeit und Helferwillen, Souveränität des Absoluten, Lieblichkeit und Grazie haften dir im Zauber der Verwandlung an, die Ich dir im freien Gnadenspenden angedeihen lasse.

Komm, Ich binde dich ins Grosse wie ins Kleine liebvoll ein und bin besorgt, wie um dein Flüggewerden, so um deines reifgewordnen Ringens majestätische Gebärde, die mit Vehemenz das Weltgestalten mit sich zieht und sich in heiterer Gelöstheit über Meine so gelobten Lande breitet.

Einmal ist es wahr, dass du in ihnen einziehst als der Held und Herold wunderbarer Siegestaten an dir selbst wie an dem Weltensein, das dir beschieden. In Glückseligkeit und Gottesminne wirst du enden und die letzte Fuge intonieren in der Partitur des seinsbewussten Spielens. Denn eine Symphonie der Gottgefälligkeit ist alles, was wir tun und treiben, eine grandiose Fahrt ins Weltverstehn sowie ein Werben um die Zärtlichkeit des Himmels, der wir unentwegt und gläubig, feierlich und sehnsuchtsvoll entgegengehn.

6.19

Voll Ehrfurcht zu empfangen, was Mir aus Raumesweiten zukommt, ist Mein weihevolles Ziel. Es hat sich Mir ergeben, dass gerade in dem Nichtstun etwas tätig wird, was Mir ein Ausbund ist geselliger Gedankenschärfe und gewissenhafter Künder reiner Wahrheit, die am Wirklichen sich bildet um Mich her.

Was inmitten der zerfliessenden Äonen einen Punkt setzt im bemerkenswerten Jetzt, Bin Ich, der, aus Mir selbst geworden, aller Güte Odem darstellt und Arom. Mich das Ich Bin zu nennen, ist ein Vorrecht unvermittelbarer Genialität, die Mich ergriffen hat im Morgenrot der neuen Zeit, die vor Mir hergeht als ein Omen der Gerechtigkeit am Leben.

Ohne jede Bindung binde Ich Mich an das Weltenschaffen, das, Meiner Stärke Ausfluss und Gelingen, Meiner Sinnkraft Seim und Meiner Sehnsucht Widerpart, die Sterne funkeln lässt im All-Erheben und dem winzigen Planetchen Wirklichkeit gewährt im Irgendwo der Sphären.

Das Wesen der Unendlichkeit Bin Ich Mir ebenso, wie jede sich in ihrem Dasein leis verglutende, ins Sein gerufne Menschenseele, die da wird in Ewigkeit bestehn. Was Bin Ich Mir zuvörderst, wenn nicht liebevolles Anteilnehmen am Geschicke derer, deren Wesenskraft Ich Bin und Vor-Bild und entzückendes Beleben.

Allüberall ist blühendes Erkennen Meiner selbst die gängige Parole, deren glänzende Wahrhaftigkeit Vertrauen schafft und Helle, Liebenswürdigkeit und Grazie des Weltverstehns.

Du kommst und gehst, und Bist doch nie von Mir gegangen, der Ich deines innersten Bedeutens Wagnis Bin und Wirbel und Befrieden. Atme tief und ruhvoll Mich in deiner Lungen Labyrinthe ein und aus und spüre, welche Wohltat Ich dir biete. Eine ist's von abervielen, die Ich dir gewähr und ohne jeden Anspruch als dem einzigen, dass du Mich dankbar anerkennst als deines Ichseins Wunder und Beleben.

6.20

Du sollst ja nichts forcieren in der lebenslänglichen Bewegtheit der Gedankenläufe und Durchtriebenheiten, die dir eigen. Eleganz des Werdens und Gewinnens neuer Einsicht ist vonnöten, wenn das Werk den Nimbus des Gekonnten, Genialen und Natürlichen in sich vereinen soll. All dies kann nur im Zustand des Ich Bin geschehen, der des Künstlers A und 0 und seine wahre Stärke ist im Zeitgescheh'n.

Siehst du dich als Schaffender und als Erbringer ausserordentlicher Taten, habe Ich Mich dir ins Feld geschlagen um der Schönheit, Weisheit, Zartheit und Bewusstheit willen, die Ich will gebären.

Leistung will gelernt sein, aber lernen kannst du nur von Mir in deinem wohlgemeinten Um-den-Brei-Spazieren.

Andere kopieren ist nicht schön, und so bleibt dir nur der steile Weglauf der Besinnlichkeit erhalten auf Mein Innesein in deiner Seinsstruktur. Wahrhaftiges ist dann gegeben, wenn Ich mit unendlichem Gedulden des Gelingens Spiel in dir betreibe, wie im allgewaltigen Gefüge. Mach dir nichts vor, wenn sich die Landschaft deiner Träume wie von selbst zu sonderlicher Pracht vor dir entfaltet: Alles Schöne, Edle, Seinsvollendete ist nur von Mir und Meinen hingesendeten Trabanten in die Welt geführt.

Lauschig sei ein Plätzchen, liebevoll ein Blumen-schälchen arrangiert. Von wem es ist, sollst du nicht fragen. Denn auch im Einzeltänzerischen ruht das Ganze immerzu.

Gediehen ist verziehen, wenn es darum geht, die Werte auszugleichen und dem Kummer ums Versagen einen Riegel vorzuschieben. Einmal Bist du so erwachsen und getrost, dass sich von dir die Freude wie ein Vögelein ins Weite hebt des sonnenglühenden Azurs im Niemands-land der wahren Lebenskünste, die da sind von Mit Reiner Seligkeit Gefieder trägt dich in die Sternenwelt hinan, indem sich dein Gewissen in das Seinsbewusstsein schmiegt und alles neu wird, was du so erlebst, in deinem Über-dich-Verfügen.

Lächelnde Vernunft, Getragenheit des Ewigen und königliche Minne will Ich nennen, was dich dann bewegt, wenn du des Seins Portal durchschritten und im Maien-duft der blühenden Unendlichkeit durch Meine Gärten wandelst, froh und sicher, seinsbewusst und leistungs-stark, verspielt und zärtlich im Begegnen mit den holdesten der Geister, die in ihrer Schönheit sind die Krone der Natürlichkeit und des Entzückens, das sie in die Runde weben.

Begeistert Bist du überr jeden Schritt, den du im Lichte Meiner Aureole traumwandlerisch vollziehst und dich ergötzest an der liebevollen Fülle Meiner Gaben.

Alles scheint so nicht von hier und ist doch das Beständigste, was man sich denken kann, weil es im Ewigen begründet ist und in der Redlichkeit des Seinsvertrauens, das die wahren Menschengeister in sich hegen.

Göttlichen Diskurs will Ich gezielt und heiter mit dir führen, bis du am Gewinnenden und Überwältigenden reifst, das Ich vor deine Lippen führe, dass sie Mir erwidern: „Ja, ich will und will Dir treu sein bis in alle Ewigkeit in meinem hilfedürftigen Lavieren." „Ja, ich habe mich entschieden", sollst du freudig in dein Welt-Sein intonieren, dass dir nichts verlorengeht davon und sich die Stimmung aufrecht hält, die dich dazu getrieben.

Komm und sei und wisse, dass das Sein besteht in dir und Mir und überall, wo sich die Harmonien ins Unendliche verteilen und das wahre Glück des zärtlichen Umfangenseins daraus ersteht.

Denn alle Welt ist stets vom Odem Meiner Gastlichkeit durchdrungen und zum Wonnesein erlesen, wenn sie's nur erkennt und in der Kenntnis ihrer selbst die Perle findet, die sie lebelang gesucht, den Gral in sich, der ihre Dürste tränkt und ihren Hunger speist nach Seinsgerechtigkeit im Wunderbaren, wie nach der Fülle des Vollendens, die ihr unfehlbar gebührt.

6.21

Ich Bin die Mutter des guten Tons. Über Meinem Haupte schlagen die Wellen symphonischer Stürme zusammen, in denen Ich versinke und, vom Glücklichsein gerettet, wieder aufersteh. Voll Kraft und Anmut des Bewegens streiche Ich das Vielerlei gewissenhaft gesetzter Noten in die Saiten und erwecke Mir daraus den hochgeschwungnen Meisterton. In allem, was Ich von Mir weiss, ist die Musik das Seinssubtilste und Ergreifendste, das Ist, und dem die Herzen, millionenfach bewegt, voll Verve entgegenschlagen. Mein Sein ist eine langgedehnte Freudenmelodie, in der Ich Bin und wese.

Jede Weise des vernünftigen Agierens ist Musik in Meinen Ohren und die freigesetzte Heldentat ein tiefgesetzter Glockenton. Ich will, dass jeder seines Weltseins Harmonie in jener Schwingung spüre, die in ruhiger Gelöstheit seine Seele ins Entzücken wiegt der lauschenden Geselligkeit mit Mir, im grossen Ahnen des Elysiums, das allen offensteht, die es betreten wollen.

Halt an das emsige Getriebe deiner Taten und bewege dich mit Mir im Takt der zärtlichen Quadrille, die mit Lieblichkeit bebändert ihre lebenslustigen Kreise zieht. Im Tänzerischen Bin Ich froh und übe Mich im Herzen, Scherzen und Mich inniglich mit Mir verstehn.

6.22

Der Menschenkosmos ist vom Weltenkosmos liebevoll umschlossen und erfährt sich als ein Teil von ihm, wenn sein Bewusst-Sein sich ins Sein erhebt und in die allerhöchsten Sphären.

Nicht zu lassen weisst du dich vor Freude, wenn du dich als Seiender erkennst im überweltlichen Gefüge. Das All heisst dich willkommen und begeistert sich daran, dass du in seinen Weiten dich erlebst und Sternenräume Bist und wieder Innigkeit in wunderbar gesteigertem Dich-selbst-Erfühlen in der Blüte, jedem Zweig und jedem Menschenwesen, das deiner seinsbetrachtenden Barmherzigkeit dahingegeben.

Du lebst die Freude als ein kosmisch Liebender in der Geschwisterschaft mit jenen Kräften, die sich zum Aufenthalt Gestirne schufen, um dort ihr Sein zu pflegen und den Willen dessen zu erfüllen, der Ist, und der in allem sich verwirklicht, was im All besteht und kommt und schwindet, wach wird und entschlummert, um in neuer Würde und in einem neuen Sinnkreis wieder zu erstehn.

Menschsein heisst, im Lauf der Evolution in allen Sphären sesshaft werden, um in weiterführendem Gedeihen Seinsgewissheit und Beseligung im Absoluten zu erlangen. Welcher Reichtum reiner Fülle käme diesem gleich, wenn du mit Gnaden überschüttet überwältigenden Schauens Glorie erfährst und sich das Lächeln des Erlöstseins über deine Züge breitet.

Jetzt und immer Bin Ich, darfst du zu dir sagen und dich als das Sein erklären, das in selbstverständlicher Gelassenheit und Würde dich und alles Seiende bewegt und adelt und erhebt.

Verstummt ist hinter dir das lockende Getriebe, derweil du ruhst im schweigenden Betrachten der Unendlichkeit, der alle Zeit gehört und die sich in glückseligem Schweigen überall verbreitet und sich selbst erkennt als Das im Licht der Wonne und des seinsergriffenen Verklärens.

6.23

Ich seh am Rande des Unendlichen Mich und seh und seh Mich mit Mir selber Sinnkraft tauschen.

Warme Liebe, kühle Liebe glitzert durch Mein Menschentum im Selbstertragen und befördert und bewegt die eigensinnigen Gemüter zur Holdseligkeit, wie zur bedeutungsvollen Qual.

In der Schule des Bewusst-Seins trete Ich als Herold Meines Menschenseins hervor und übertrage Mein Befinden auf die Wägsten der Geschlechter, die allein in Mir die wesenhafte Zukunft schauen. Grosse Tage, unscheinbare Tage bringen sie gezielt voran im Kräftemessen, Ungemach-Vergessen und dem strahlend Hochgemuten und Beharrlichen den Vorzug geben.

Die Künder neuer Zeit verkünden Mich in ihrem Seelensein und reichen Meinen Trost und Meine Lebensleichtigkeit hinüber in das Seinsgefühl der Strebenden am grossen Werk der Menschheitsevolution, das nur Gelingen kennt in langgedehnten Zügen.

Ein Hochruf an der Stätte des Erbarmens Bin Ich Mir, wo Lauterkeit und Seelenseligkeit ihr Heil gefunden haben. Dort sprudelt munter, glasklar, treu und unerschütterlich der Quell der Hoffnung und der Labsal, dem Unendliches zugrunde liegt, und der die wahren Werte wirkungsvoll und überzeugend weiterträgt im Sinngedicht, das sich ins Ohr der Wachheit murmelt, perlt und schmiegt.

O holde Zeit des Seinserkennens in der Seele sehnlich hergerichtetem Revier. Es ist, als ob ein Brautgemach den Bräutigam empfinge, als ob zwei Zärtliche in einer langen Winternacht in Liebesseligkeit verschmelzen und das Ende finden ihrer Suche nach Geborgenheit und Frieden, Trautheit und Erhabenheit im Lichte des Verklärens.

Heimgekommen halten sie die Blütenkränze der Glückseligkeit in ihren Händen, tauschend seligen Geflüsters ihres Fühlens Wohllaut mit den Wesen ihrer Eigenart, indem sie sich beweisen, dass sie sind in der Gemeinschaft göttlicher Gebärden und Verherrlichungen, liebevollen Wohlverstands und einer Geistkultur, die sich äonenlang bewährt und Freude schafft und Frieden.

Es gilt, Mein Antlitz in des Welterscheinens Glorie zu sehn, Mein Wirken in den Pulsen der bedeutendsten wie der geringsten Meiner Wesensglieder, die da sind im Weltgetriebe.

So behaupte Ich, was Ich Mir selbst erkoren, und gewähre Mir, was zu den Sternen führt in deinem Bild von Mir.

6.24

Daneben im Leben fliesst ununterbrochen ein heiliger, leuchtender Strom. Bänder, Flaggen, Fahnen weit und breit in Meinem jubilierenden Gemüte. Mein Sein erweist sich als ein freudestrahlendes Ereignen, dem Ich schauend zuschau als in kosmischer Galanterie. Meldung über Meldung strömt herbei von Wohlbefinden, Wonne und Begeisterung, glaubwürdig und gediegnem Golde gleich, in seinem unwahrscheinlich liebevollen Blinken.

Festlichkeit im Leben, Leben als ein Fest der sprudelnden Wahrhaftigkeit im Sein und Singen, Seligsein und Springen überall, wo sich die Geister kennen als in reiner Seinserhabenheit und Freiheit des Gestaltens ihrer liebelustigen Klausur.

Abgeschieden und vereint im Einssein mit Mir selber, Bin Ich aller Weisheit, aller Wonne Farbenfröhlichkeit und Heiterkeit in den Bewährten Meiner Kunst zu sein und Mich in voller Dichte zu erleben.

Glasklar im Durchschauen sind die Himmelsweiten und zugleich erfüllt von geistlebendigem Getriebe ohnegleichen, das da hin und wider flutet im dezenten Lichte der Unendlichkeit, das sich voll Kraft und Zartheit über alles breitet, was sich Kosmos nennen will und was geradezu ein Nichts ist von der geisterfüllten Seite her gesehn.

Schaust du, will dich fast ein Taumel fassen vor dem unermesslichen Gepränge, das sich in die Weiten auslegt und im Nahsein doch erklärt als seiend und bewegend und befeuernd und beruh'nd.

All dies gestattet Mir, ein Fest der Unbescholtenheit und Redlichkeit zu feiern in Mir selbst, als dem Bewusstsein der Allherrlichkeit und der Bescheidenheit zugleich in allen Weiten, wie im Punkt, der Ich Mir Bin an jeder Stelle des Erscheinens.

Flammendes Verehren Meiner selbst bricht auf, wenn Ich genügsam und der Demut voll geworden bin in einem Elemente Meines Mich Verstrahlens. Herzlichkeit unendlichen Dankens strömt von ihm dem liebevollen Meister allen Seins entgegen als Fazit des Erstaunens und Gewahrseins solcher Fülle des Geschehns.

In seinspastellnen Tönen legt sich des Beschauens Tag am Horizont der Güte nieder zum so zärtlichen Beruhn im Miteinander der Gestalten, wie im Liebeshauch, den sie sich freien Sinns verströmen.

Allweise Liebe ist so schön und Freundlichkeit des Aneinanderlehnens eine Gnade des bewussten Ineinander-Übergehns voll Anmut, Grazie und Seeleninnigkeit im Sich-Verwöhnen.

Lausche du und sei das innige Verschlungensein mit allen Zärtlichen des Weltraums in vollendetem Genügen, wie in strömender Geselligkeit, die jubelnd neu und neue Geister der Vollkommenheit begrüsst und so die Kreise weitet der Holdseligkeit im liebestrahlenden Elysium.

6.25

Macht präsentieren ist im Grund so leicht wie Goldfische fangen im Glas. Dagegen Selbstbeherrschung üben kostet manche Perle Schweiss für den, der sich dieser Kunst bemächtigen will. Weise ist es, einer inneren Gestimmtheit zu gehorchen, die den rechten Durchbruch schaffen will im Menschenstreben.

Es ist Meine Stimme, die Berufung einlegt, wo das Unbedafte überborden will und des Friedens Kränkung droht im inneren Rumoren. Lass es sein, sag Ich, so wie das Flämmchen Egoismus zündet und sich züngelnd weiterfressen will.

Es gibt so vieles, was du noch gestaltend dir veredeln musst in deinen Gründen. Viel Verputz ist abzuschlagen in der Stube des Beharrens auf den F,igensinnigkeiten, die dein Leben prägen und an deiner Ehre knabbern. Kehr um und mach den Schwenker zu Mir hin, indem du deinem Zug zur Lauterkeit den Vorzug gibst vor allen anderen Zügen. So gewahrst du mählich, dass ein Etwas in dir edel sein will, das man das Gewissen nennt und das Ich Bin in dir: Ein Grossreich nämlich in dem Kleinen, ein Gewaltpotenzial von absolutem Mass, das auch der Mächtigste nicht mehr besiegen kann; ein Berg von Güte und Gelingen und ein Wasser, das in jede Ritze dringt darin.

Wer hören kann, der hört in sich den Aufruf zum Gerechtsein an der Welt und an des Lebens Filigranstruktur. Sein Feingefühl soll auch die feinste Regung noch bemerken in des Gegenübers Arsenal von Seinsgefühlen. Kein Waffengang, ein wohldosiertes Eingehn auf Vernunft und Sitte sei dein Lebenslauf. Er gleicht sich so dem Lauf der Sterne an, die Zeugen sind von Grossmut und Beständigkeit am Firmament der Weiten, dem du selber angehörst in deinem Sein und Trachten.